Gabriele Lehari

Vorratshaltung

frisch halten, einfrieren, konservieren

58 Farbfotos
3 Zeichnungen

Ulmer

Inhalt

Vorwort

Vorratshaltung im heutigen Zeitalter von Fastfood, Pizzaservice und Mikrowellengerichten – ist das überhaupt noch zeitgemäß? Die Antwort ist ein klares „Ja", denn gerade in dieser schnelllebigen Zeit, die von Terminen und Hektik geprägt ist, kann eine sinnvolle Vorratshaltung das Zubereiten von Speisen effektiv und zeitsparend gestalten. Viele Menschen sind heute durch Beruf, Familie und Haushalt einer Mehrfachbelastung ausgesetzt. Häufig fehlen Zeit und Muße für die langwierige Zubereitung von aufwändigen Mahlzeiten. Schnell muss es gehen und außerdem soll es noch schmackhaft sein.

Auch für den täglichen Einkauf von frischen Lebensmitteln, wie er früher üblich war, fehlt heute oft die Zeit. Haben Sie jedoch ein reichhaltiges und abwechslungsreiches Sortiment an konservierten Lebensmitteln im Haus, können Sie jederzeit vielfältige Speisen zubereiten und sind auch mal für den Fall eines Überraschungsbesuches gewappnet.

Wenn Sie entsprechende Lagermöglichkeiten für frische Lebensmittel haben, lässt sich das Einkaufen auf ein- bis zweimal pro Woche reduzieren. Und fachgerecht konservierte Lebensmittel, sei es durch Einfrieren, Trocknen, Einkochen, Einlegen oder Räuchern, sind wochen-, monate- oder sogar jahrelang haltbar und stehen Ihnen jederzeit zur weiteren Verarbeitung oder Verwertung zur Verfügung. Somit ist das ganze Jahr über ein abwechslungsreicher Speiseplan gewährleistet.

Gabriele Lehari
Reutlingen, im Sommer 2003

4

Warum überhaupt Vorrats-haltung?

Der Sinn der Vorratshaltung ist, dass Sie ein bestimmtes Sortiment an Lebensmitteln zu Hause zur Verfügung haben, dadurch unabhängig vom jeweiligen Marktangebot sind und nicht so häufig einkaufen gehen müssen. Zwar kommen viele Lebensmittel bei uns mittlerweile das ganze Jahr über täglich frisch in den Handel, aber trotzdem gibt es noch viel Saisonware, insbesondere bei Obst und Gemüse, die nur zu bestimmten Jahreszeiten erhältlich ist. Haben Sie die Möglichkeit, sie entsprechend zu lagern oder zu konservieren, können Sie das vielfältige Angebot ausnutzen und in großen Mengen einkaufen.

Auch wer einen eigenen Garten hat, möchte natürlich das selbst geerntete Obst und Gemüse so lagern oder haltbar machen, dass es auch noch Monate später verwendet werden kann. Ebenso ist die Vorratshaltung sinnvoll für alle diejenigen, denen als Jäger oder Angler frisches Wildbret oder Fische zur Verfügung stehen, die nicht auf einmal verzehrt werden können. Andere kaufen Fleisch direkt beim Erzeuger, bei dem meist eine größere Menge abgenommen werden muss. Auch in diesem Fall ist eine entsprechend Konservierung und Lagerung unerlässlich.

Und nicht zuletzt ist ein wichtiger Grund für die Vorratshaltung, dass Sie auf die günstigen Saisonangebote zurückgreifen können und so für die Jahreszeiten, in denen bestimmte Lebensmittel nicht oder nur in geringeren Mengen und zu höheren Preisen angeboten werden, vorgesorgt haben. Bei der Vorratshaltung unterscheidet man grundsätzlich die Lagerung von frischen Lebensmitteln, die ohne zusätzliche Behandlung eine gewisse Zeit lang haltbar sind, von der Aufbewahrung konservierter Lebensmittel, die je nach Konservierungsmethode zwischen einigen Wochen und vielen Jahren gelagert werden können.

Frische Lebensmittel richtig lagern

Grundsätzlich gilt: Je wärmer Lebensmittel gelagert werden, umso schneller verderben sie, weil Wärme das Wachstum von schädlichen Mikroorganismen, die meistens für ein Verderben verantwortlich sind, begünstigt. Eine Ausnahme bilden hier Getreide, Nüsse sowie Hülsenfrüchte (so werden die getrockneten Samen von Erbsen, Bohnen und Linsen bezeichnet). Sie sind ohne besondere Behandlung sehr lange haltbar, vorausgesetzt sie werden trocken, luftig und nicht zu kalt gelagert.

Früher wurden frische, lagerfähige Lebensmittel in kühlen Kellerräumen aufbewahrt. Heute besitzen leider die wenigsten Häuser noch geeignete Keller, in denen Lagerware wie Kartoffeln, Äpfel, Birnen oder Wurzelgemüse problemlos monatelang aufbewahrt werden kann, so dass viele Haushalte frische Lebensmittel nur noch im Kühlschrank oder in kühlen Speisekammern lagern können.

Zur Lagerung, egal ob für längere Zeit im Keller oder für einige Tage oder Wochen im Kühlschrank, ist nur einwandfreies Obst und Gemüse geeignet. Beschädigungen, Druck- oder Faulstellen können in kürzester Zeit dazu führen, dass die Ware verdirbt. Auch bei Lebensmittel tierischer Herkunft gilt: Je frischer die Ware ins Haus kommt, umso länger kann sie bei sachgerechter Lagerung noch aufbewahrt werden.

Lagerung im Keller

In den typischen alten Gewölbekellern, wie sie früher häufig waren, herrscht gewöhnlich eine Temperatur von unter 10 °C und eine Luftfeuchtigkeit von etwa 90 Prozent – ideale Lagerbedingungen für frische wie auch konservierte Lebensmittel. Außerdem bleibt in der Dunkelheit Eingekochtes und Eingelegtes besonders gut haltbar. Leider finden sich bei modernen Häusern nur noch selten diese Bedingungen in den Kellerräumen.

Die optimale Temperatur für alle lagerfähigen Lebensmittel liegt bei 4 bis 6 °C und bei einer Luftfeuchtigkeit um 90 Prozent. Die Temperatur sollte nicht unter 2 °C absinken oder 10 °C überschreiten, da sonst die Haltbarkeit erheblich beeinträchtigt wird. Der Kellerraum muss gut zu lüften sein, es darf aber keine ständige Zugluft herrschen. Fensteröffnungen oder Lüftungsklappen sollten sorgfältig mit einem engmaschigen Drahtgitter versehen werden, um das Eindringen von ungebetenen Gästen wie Mäusen zu verhindern.

In alten Kellern mit gestampften Lehmböden dringt aus dem Erdreich ständig die notwendige Feuchtigkeit in den Raum ein. In vielen modernen Kellern mit betonierten Fußböden ist es jedoch häufig zu trocken. Hier können Sie Abhilfe schaffen, indem Sie ein weithalsiges mit Wasser gefülltes Gefäß aufstellen oder in einer Ecke etwas Sand aufschütten und diesen regelmäßig befeuchten. Auf alle Fälle sollten Sie Luftfeuchtigkeit und Temperatur mit Hygrometer und Thermometer von Zeit zu Zeit kontrollieren.

Gemüse richtig lagern
Kartoffeln und **Wurzelgemüse** halten sich an ihrem natürlichen Standort in der feuchten, dunklen Erde noch lange, nachdem schon die oberirdischen Pflanzenteile abgestorben sind. Daher sind sie ideal für die Lagerung in einem feuchten, dunklen, kühlen Keller geeignet, in dem ähnliche Bedingungen wie im Erdreich herrschen.

Kartoffeln werden am besten in speziellen Kartoffelkisten gelagert, die unten eine Öffnung besitzen, aus der die Kartoffeln entnommen werden, so dass von oben die Knollen nachrutschen und dadurch auch immer wieder bewegt und gewendet werden. Dies sorgt für eine bessere Belüftung und verhindert ein vorzeitiges Keimen. Es dürfen nur einwandfreie, trockene, nicht gewaschene Kartoffeln gelagert werden. Am besten eignen sich dafür die späten Sorten, die also im Herbst geerntet werden, mit ausgeprägter Keimruhe, da sie nicht schon während der Winterlagerung zu keimen beginnen. Frühkartoffeln mit ihrer dünnen Schale lassen sich nicht einkellern.

Eine dunkle Lagerung ist sehr wichtig, weil sich Kartoffeln unter Lichteinfluss grün verfärben. Grüne Stellen enthalten den giftigen Stoff Solanin, der sich auch durch Kochen nicht zersetzt. Daher müssen sie vor dem Verzehr großzügig abgeschnitten werden. Durch Auflegen von Leinensäcken

Eine spezielle Kartoffelkiste ist die beste Lösung für die Lagerung der Knollen.

Nicht zu kalt und nicht zu warm

Die Temperatur darf nicht unter 4 °C abfallen, da dann die Stärke in den Kartoffelknollen in Zucker umgewandelt wird und sie ein süßliches Aroma bekommen. Bei zu hoher Temperatur beginnen die Kartoffeln zu schrumpeln und zu keimen und verderben schnell.

7

So wird das Gemüse eingeschichtet: nur eine Sorte pro Kiste und mit Abstand zwischen den einzelnen Stücken.

oder ähnlich luftdurchlässigem Material auf die Kartoffelsteige können Sie für die notwendige Dunkelheit sorgen, falls der Kellerraum zu hell ist.

Zum lagerfähigen Wurzelgemüse zählen **Knollensellerie, Möhren, Pastinaken, Petersilienwurzeln, Rettiche** (nur Winterrettiche sind lagerfähig), **Rote Bete, Schwarzwurzeln** und **Topinambur. Kohlrabi** gehört zwar nicht zum Wurzelgemüse, lässt sich aber ebenso lagern. Am besten werden diese Gemüsesorten in feuchtem Sand eingeschlagen aufbewahrt. Hierzu füllen Sie eine Holzkiste zunächst einige Zentimeter hoch mit feuchtem Sand. Dann schichten Sie das frisch geerntete, makellose Gemüse – in eine Kiste jeweils nur eine Sorte – abwechselnd mit feuchtem Sand ein und schließen mit einer Sandschicht ab. Das Gemüse sollte möglichst so nebeneinander gelegt werden, dass es sich nicht berührt und vollständig von Sand umgeben ist. Die Sandkisten werden regelmäßig kontrolliert. Sollte der Sand an der

Oberfläche austrocknen, müssen Sie ihn etwas von oben befeuchten; er darf aber nicht zu nass sein.

So können Sie im Laufe des Winters von oben jeweils das frische Gemüse entnehmen. Überflüssiger Sand wird herausgeschaufelt und für die weitere Verwendung getrennt aufbewahrt. Auf diese Weise hält sich das Gemüse bis zum nächsten Frühjahr frisch.

Winterrettiche und Rote Bete sind frostempfindlich und müssen daher im Oktober beziehungsweise vor dem ersten Frost geerntet und entsprechend gelagert werden. Die anderen Wurzelgemüsearten sind mehr oder weniger frostfest und können bis zum ersten starken Frost im Boden belassen werden. Da aber Eis und Schnee das Ernten erschweren oder gar unmöglich machen, werden auch diese Arten rechtzeitig in Sand eingelagert.

Kohlsorten wie **Weißkohl** und **Rotkohl** sind im Keller zwei bis drei Monate haltbar, unter optimalen Bedingungen auch länger. **Wirsing** und **Chinakohl** sind nicht ganz so lange lagerfähig, weil sie durch die weniger geschlossenen Köpfe schneller Feuchtigkeit verlieren. Die Kohlköpfe werden am besten mit den Wurzeln geerntet und in Netzen oder Tüchern umgekehrt aufgehängt, um Druckstellen zu vermeiden. Die äußeren Blätter sollten Sie nicht entfernen, da sie einen natürlichen Verdunstungsschutz bieten und somit die Lagerfähigkeit verbessern. Haben Sie Kohlköpfe ohne Wurzeln, lassen Sie sie erst einige Tage trocknen und legen sie dann nebeneinander auf ein Holzregal im Keller. Durch gelegentliches Wenden wird Druckstellen und Schimmelbildung vorgebeugt. Auch hier bilden die äußeren Blätter einen natürlichen Schutz. Sie sollten nur entfernt werden, wenn sie Fäulnisstellen aufweisen.

Kürbisse sind nicht frostfest, müssen also vor dem ersten Frost geerntet werden. Aufgrund ihrer festen Schale sind sie ebenfalls einige Monate haltbar, vorausgesetzt die Schale weist keine Verletzungen auf. Um Druckstellen und Fäulnis vorzubeugen, können Sie Kürbisse in Netzen, Tüchern oder Ähnlichem aufhängen.

Manche Gemüsesorten wie **Lauch, Grünkohl** oder **Rosenkohl** sowie **Feldsalat** sind frostfest. Sie können den ganzen Winter über im Garten verbleiben und für den Verzehr jeweils frisch geerntet werden.

Gemüse im Freien lagern

Sollten Sie keine Möglichkeit haben in Sand eingeschlagenes Gemüse im Keller aufzubewahren, können Sie es auch draußen in einer Erdgrube lagern, solange es vor Frost geschützt ist. Hierzu muss die Grube mindestens 80 cm tief ausgehoben werden. Um ein Abbröckeln der senkrechten Wände der Erdmiete zu vermeiden, kann man die Wände mit Brettern oder Steinen befestigen. Ein Auslegen mit engmaschigem Drahtgeflecht verhindert das Eindringen von nagefreudigen Schädlingen.

Die Kisten mit dem in Sand eingeschlagenen Gemüse werden in die Grube gestellt und von allen Seiten mit Stroh isoliert. Eine wasserdichte Abde-ckung schützt vor Regen und Schnee. Dieser Deckel besteht aus schräg angebrachten Holzbrettern, die zusätzlich mit wasserundurchlässigem Papier, wie man es zum Dachdecken verwendet (keine Dachpappe wegen des enthaltenen Bitumens!), abgedeckt wird.

Bei Frost sollte die Grube nicht geöffnet werden. An frostfreien Tagen empfiehlt sich ein gelegentliches Lüften. Durch die gleichbleibende Temperatur und Feuchtigkeit hält sich das Gemüse bis zum nächsten Frühjahr frisch.

Chicorée lagern und anziehen

Von dem zu den Zichoriengewächsen gehörenden Chicorée werden die weißlichen, aus dicht zusammengeschlossenen Blättern bestehenden

In solch einem schlichten Eimer können Sie ganz einfach Chicorée heranziehen.

„Zapfen" verwertet. Um sie ernten zu können, werden die Pflanzen zunächst während des Sommers im Garten kultiviert. Im Herbst schneiden Sie die Blätter dicht über den Wurzeln ab und graben die Wurzeln aus. Man kann sie anschließend wie Wurzelgemüse in feuchtem Sand eingeschlagen aufbewahren.

Nach Bedarf können Sie dann die benötigte Menge an Wurzeln entnehmen und zu dem begehrten Blattgemüse austreiben lassen. Hierzu werden die Wurzeln in einen großen Topf oder Eimer oder in eine Holzkiste, gefüllt mit einem Sand-Erde-Gemisch, senkrecht eingepflanzt und 10 bis 15 cm hoch mit Erde abgedeckt. Dann stellt man das Gefäß in einen dunklen Raum mit einer Temperatur von 10 bis 15 °C. Je wärmer es ist, desto schneller treiben die Pflanzen. Mehr als 18 °C sollten allerdings nicht herrschen, da sonst die Blätter nicht fest genug zusammenbleiben. Es gibt auch Sorten, die ohne Deckerde treiben. In diesem Fall brauchen Sie die eingepflanzten Wurzeln nicht mit Erde zu bedecken, sondern es reicht aus, das Gefäß lichtdicht zu verschließen. Nur wenn kein Licht an das Gemüse gelangt, bleibt die weiße Farbe erhalten und es werden nicht so viele Bitterstoffe gebildet.

Die Wurzeln müssen regelmäßig gegossen werden. Nach etwa vier bis sechs Wochen können Sie die bleichen „Zapfen" ernten, indem Sie sie dicht über der Wurzel vorsichtig abschneiden. Wenn Sie auf diese Weise immer kleine Mengen an Chicorée heranziehen, können Sie den ganzen Winter über dieses frische Gemüse genießen.

Obst richtig lagern

Kernobst wie **Äpfel, Birnen** und **Quitten** sind die einzigen Obstarten, die für eine längere Lagerung im Keller geeignet sind. Alle anderen Obstarten verderben schnell und sind frisch nur wenige Tage im Kühlschrank haltbar. Kernobst ist je nach Sorte zwei bis drei Monate oder sogar bis ins nächste Frühjahr haltbar. Die Lagerware sollte nicht zu lange am Baum belassen werden. Am besten ernten Sie, wenn die Früchte noch fest sind und man sie vorsichtig mitsamt Stiel vom Trieb abdrehen kann. Fallobst ist wegen der Druckstellen, auch wenn sie nicht immer gleich zu erkennen sind, nicht zum Lagern geeignet, da es hier sehr schnell zu Fäulnisbildung kommt. Sie verwerten es am besten gleich frisch oder verarbeiten es wahlweise zu Mus, Kompott, Saft oder Gelee.

Äpfel, Birnen und Quitten werden nebeneinander luftig auf Holzsteigen oder so genannten Obsthorden, die sich stapeln lassen, gelagert. Regelmäßig sollten die Früchte kontrolliert und eventuell verdorbene Stücke aussortiert werden. Sie können sie auch in kleineren Mengen nebeneinander in flache Pappkartons legen. Dies empfiehlt sich besonders, wenn die Luftfeuchtigkeit zu gering ist. Durch Auflegen des Deckels lässt sich dann im Innern des Kartons eine höhere Luftfeuchtigkeit halten. Auch das Abfüllen in perforierte Polyethylenbeutel verhindert ein Verdunsten und erhöht die

Rechte Seite:
Sorgfältig auf Holzsteigen gelagertes Kernobst ist recht lange haltbar.

10

Eine Auswahl von lagerfähigen Apfel- und Birnensorten

Sorte	Reifezeit	Genussreife	Haltbar bis
Apfelsorte			
Alkmene	Anfang bis Mitte September	September	Ende November
Ananasrenette	Mitte bis Ende Oktober	ab November	Februar
Berlepsch	Oktober	ab November	April
Bohnapfel	ab Mitte Oktober	ab Februar	Juni
Boikenapfel	ab Mitte Oktober	ab Januar	Juni
Boskoop	Mitte Oktober	ab Januar	April
Bramley	Anfang Oktober	ab November	März
Cox Orange	ab Mitte September	ab Oktober	März
Elstar	ab Ende September	sofort	März
Glockenapfel	Ende Oktober	sofort	März
Gloria Mundi	Mitte Oktober	sofort	Mai
Gloster	ab Mitte Oktober	Dezember	Februar
Ingrid Marie	ab Mitte September	Oktober	März
Jonagold	ab Anfang Oktober	Ende Oktober	Mai
Jonared	ab Anfang Oktober	Ende Oktober	März
Jonathan	ab Ende September	ab November	Mai
Kaiser Wilhelm	ab Anfang Oktober	Ende November	März
Kanadarenette	ab Mitte Oktober	ab Dezember	Mai
Morgenduft	Ende Oktober	ab Dezember	Juni
Nordgold	Anfang November	ab Dezember	April
Ontario	ab Mitte Oktober	ab Januar	Mai
Roter Eiserapfel	Ende Oktober	ab Dezember	Juli
Zabergäurenette	Mitte Oktober	ab November	März
Birnensorte			
Alexander Lukas	ab Mitte September	ab Oktober	Februar
Conference	Mitte September	sofort	April
General Leclerc	Anfang Oktober	Oktober	Januar
Jeanne d'Arc	Ende Oktober	ab Dezember	Januar
Josephine von Mecheln	ab Ende Oktober	ab Januar	März
Nordhäuser Winterforellen-birne	Anfang Oktober	ab Januar	März

Beschleunigte Nachreifung

Die Wirkung des Reifungshormons Ethylen können Sie sich auch zunutze machen, wenn bestimmte Obstsorten noch unreif sind und nachreifen sollen. Stecken Sie sie einfach zusammen mit einem Apfel in eine Papiertüte, dann erfolgt der Nachreifungsprozess viel schneller.

Haltbarkeit. Hier sollte nicht mehr als 1 bis 2 kg Obst pro Beutel abgefüllt werden.

Grundsätzlich gilt, dass Kartoffeln und Gemüse getrennt von Obst aufbewahrt werden müssen: Besonders Äpfel, aber auch Birnen, verströmen Ethylen, das so genannte Reifungshormon, wodurch Gemüse schneller verdirbt und Kartoffeln zum Keimen angeregt werden. Wenn Sie nur einen Kellerraum für die Lagerung von Obst und Gemüse zur Verfügung haben, sollten Sie beide zumindest so weit wie möglich voneinander entfernt aufbewahren. Werden Äpfel und Birnen in perforierten Beuteln oder Kartons aufbewahrt, dringt auch nicht so viel Ethylen nach außen und Kartoffeln und Gemüse werden vor einem beschleunigten Verderben geschützt. Außerdem steigt die Kohlendioxidkonzentration und die Luftfeuchtigkeit in den Beuteln an, was wiederum die Haltbarkeit der Früchte erhöht: Das Kohlendioxid hemmt die Wirkung des Reifungshormons Ethylen, verlangsamt dadurch den Reifungsprozess und sorgt so für eine längere Haltbarkeit.

Lagerung an einem trockenen Ort

Manche Lebensmittel eignen sich nicht für die Lagerung im feuchten Keller, sondern sie benötigen einen kühlen, trockenen Ort, der nicht unbedingt dunkel sein muss. Hierzu zählen **Zwiebeln** und **Knoblauch**. Sie werden am besten an einem sonnigen Herbsttag geerntet, wenn das Grün der Pflanzen schon verwelkt und umgeknickt ist. Anschließend werden die Knollen gebündelt und noch etwa zwei Wochen an einem luftigen, warmen Ort aufgehängt, bis die Schalen trocken geworden sind. Dann bewahrt man sie in luftigen Netzen an einem trockenen Ort wie zum Beispiel einem frostfreien Dachboden auf.

Wenn Sie eine Getreidemühle besitzen, um sich immer frisch mit Vollkornerzeugnissen versorgen zu können, sollten Sie auch darauf achten, dass das **Getreide** sachgerecht gelagert wird, dann ist es jahrelang haltbar. Getreide wird am besten in dichten Holzgefäßen oder speziellen Leinensäcken mit besonders dichtem Gewebe in einem trockenen Raum aufbewahrt. Getreidesäcke sollten Sie regelmäßig schütteln und lockern.

Die Temperatur sollte zwischen 15 und 20 °C liegen. Ist die Luftfeuchtigkeit zu hoch, besteht die Gefahr der Schimmelbildung. Sind die Gefäße nicht richtig verschlossen, können sich Schädlinge wie Getreidekäfer einnisten. Sollte doch einmal ein Befall vorliegen, können Sie das Getreide in der Sonne ausbreiten. Die lichtscheuen Käfer fliehen und Sie können das verlesene Getreide wieder abfüllen.

Erntefrisches Getreide sollte nicht sofort verbraucht werden, weil es noch zu viel Feuchtigkeit enthält. Am besten lassen Sie es zunächst noch drei bis vier Wochen bei Zimmertemperatur nachtrocknen.

Auch **Haselnüsse** werden ähnlich gelagert wie Getreide. Sie sollten am Strauch voll ausreifen und dann in Leinensäckchen an einem luftigen, trockenen Ort aufbewahrt werden. So sind sie monatelang haltbar. **Walnüsse** sind wegen ihres höheren Fettgehaltes nicht so lange haltbar wie Haselnüsse und sollten daher möglichst frisch verbraucht werden.

Lagerung im Kühlschrank

Eine möglichst kühle Lagerung ist für die meisten Lebensmittel wie Molkereiprodukte, Fisch, Fleisch und Wurst sowie Gemüse und einige Obstarten am besten. Das Verderben der Lebensmittel beruht auf Stoffwechselaktivitäten von natürlich vorkommenden Mikroorganismen. Diese Stoffwechselvorgänge sind letztlich nichts anderes als chemische Reaktionen, die umso langsamer ablaufen, je niedriger die Temperatur ist. Grundsätzlich gilt, dass eine Erniedrigung der Temperatur um 10 °C die Reaktionsgeschwindigkeit um das Zwei- bis Dreifache herabsetzt. So wird verständlich, dass ein Herabkühlen verderblicher Lebensmittel die Haltbarkeit erheblich verbessert.

Linke Seite:
Knoblauch wird am besten trocken und luftig aufbewahrt.

Nicht jedes Obst mag es kühl

Einige Obstarten sollten Sie nicht im Kühlschrank lagern. Hierzu zählen Bananen, Zitrusfrüchte und Melonen. Bei ihnen können Kälteschäden wie Braunfärbung der Schale oder Verfälschung des Eigengeschmackes auftreten.

In einem normalen Kühlschrank herrscht in der Regel eine Temperatur zwischen 5 und 8 °C, bei der sich die Lebensmittel je nach Art zwischen wenigen Tagen und einigen Wochen halten. Auch die Luftfeuchtigkeit spielt eine wichtige Rolle bei der Lagerung. Besonders Obst und Gemüse sollte vor Austrocknung geschützt werden, damit es lange knackig und saftig bleibt. Daher wird es im Kühlschrank am besten in Plastikfolie eingeschlagen oder in perforierten Plastikbeuteln aufbewahrt.

Seit einiger Zeit gibt es spezielle Kühlschränke, die zusätzliche Fächer besitzen, in denen eine Temperatur knapp über 0 °C herrscht. In diesem Kältebereich erhöht sich die Haltbarkeit frischer Lebensmittel immens. Das ist besonders interessant für alle, die nicht mehrmals pro Woche frische Lebensmittel einkaufen wollen oder können. Mit der Lagerung in der 0°-Zone besteht die Möglichkeit einer Kurzzeit-Vorratshaltung, wodurch Sie über ein bis zwei Wochen, bei manchen Waren sogar noch länger, mit frischen Lebensmitteln ohne Qualitätseinbuße versorgt sind. Diese Art

So lange halten sich gekühlte Lebensmittel

Lebensmittel	Haltbarkeit im Kühlschrank	Haltbarkeit in der 0°-Zone
Frischmilch	2 Tage	1 Woche
Butter	20 Tage	1–2 Monate
Käse	4 Tage	1 Monat
Wurst	2 Tage	1 Woche
Frischfleisch	2 Tage	1 Woche
Geflügel	2 Tage	5 Tage
Fisch	1 Tag	4 Tage
Schalentiere	1 Tag	3 Tage
Gemüse		
Blumenkohl	5 Tage	3 Wochen
Brokkoli	5 Tage	3 Wochen
Chinakohl	3 Tage	2 Wochen
Eisbergsalat	1 Woche	3 Wochen
Erbsen	2 Tage	10 Tage
Knoblauch	3 Monate	6 Monate
Kohlrabi	1 Woche	2 Wochen
Kohl	1 Woche	2 Wochen
Kopfsalat	2 Tage	10 Tage
Kräuter	1 Woche	4 Wochen
Möhren	1 Monat	5 Monate
Pilze	2 Tage	1 Woche
Porree	3 Wochen	2 Monate
Radieschen	1 Woche	2 Wochen
Spargel	3 Tage	2 Wochen
Spinat	2 Tage	1 Woche
Obst		
Aprikosen	1 Woche	2 Wochen
Birnen	3 Tage	4 Monate
Brombeeren	4 Tage	8 Tage
Erdbeeren	2 Tage	5 Tage
Heidelbeeren	1 Woche	2 Wochen
Himbeeren	1 Tag	5 Tage
Kirschen	1 Woche	14 Tage
Pfirsiche	1 Woche	1 Monat
Pflaumen	1 Woche	3 Wochen
Rhabarber	1 Woche	3 Wochen
Stachelbeeren	10 Tage	3 Wochen

Knackige Salate und frisches Gemüse halten sich in der 0°-Zone erstaunlich lange frisch.

der Kühlung wird auch als Frischkühlen bezeichnet.

Durch die starke Kühlung wird die Stoffwechselaktivität der Mikroorganismen extrem herabgesetzt, wodurch nachweislich Vitamine und andere gesundheitsfördernde Inhaltsstoffe besser erhalten bleiben, als wenn die Ware bei höherer Temperatur gelagert wird.

Je nach Art der Lebensmittel können Sie in den 0°-Fächern eine höhere und eine niedrigere Luftfeuchtigkeit einstellen. Bei „trockener" Einstellung (etwa 50 Prozent Luftfeuchtigkeit) werden Molkereiprodukte, Fleisch aller Art, Wurst, Fisch und Schalentiere gelagert. Eine „feuchte" Einstellung (etwa 90 Prozent Luftfeuchtigkeit) benötigen Gemüse, Salat, Kräuter und Obst.

Kälteempfindliche Arten wie Gurke, Tomate oder Avocado sollten nicht in der 0°-Zone aufbewahrt werden. Das beste Aroma haben sie bei Zimmertemperatur. Um die Haltbarkeit zu verlängern, können Sie sie aber im normalen Gemüsefach des Kühlschranks lagern und rechtzeitig vor dem Verzehr herausnehmen, damit sich das Aroma voll entfalten kann. Werden Tomaten einmal auf 10°C oder weniger abgekühlt, reifen sie nicht mehr nach.

Konservieren – ein Überblick

Warum verderben Lebensmittel?

Frische Lebensmittel wie Molkereiprodukte, Fleisch, Fisch, Obst und Gemüse sind ohne besondere Behandlung nur begrenzt haltbar. Wie im letzten Kapitel beschrieben, kann man durch Herabsetzen der Temperatur den Vorgang des Verderbens zwar verlangsamen, aber nicht aufhalten. Unbehandelte Lebensmittel verderben, verfaulen oder schimmeln, weil sie den unterschiedlichsten Mikroorganismen ausgesetzt sind, die sich überall in der Luft befinden und sich auf geeigneten Nährmedien in rasender Geschwindigkeit vermehren. Die dabei entstehenden Stoffwechselprodukte der Mikroorganismen führen eine Veränderung und damit verbunden meistens ein Verderben der befallenen Lebensmittel herbei.

Zu den in diesem Sinne schädlichen Mikroorganismen zählen die unterschiedlichsten Bakterien, Pilze und Hefen (die zu den primitiven Pilzen gehören). Bei eiweißreichen tierischen Lebensmitteln sind es vorwiegend die Bakterien, die zu Fäulnis, Ranzig- oder Sauerwerden führen oder durch den Abbau von Proteinen Giftstoffe produzieren. Am bekanntesten sind hier wohl die Salmonellen, die sich besonders auf rohem Geflügelfleisch oder in Eiern ansiedeln. Der Verzehr von infizierten Lebensmitteln kann zu erheblichen Krankheitserscheinungen führen. Schimmelpilze und Hefen finden sich vorwiegend auf pflanzlichen Lebensmitteln ein. Besonders gefährlich sind hier zum Beispiel die Pilze der Gattung *Aspergillus*, die sich gerne auf Nüssen und Getreideerzeugnissen ansiedeln und dabei die giftigen so genannten Aflatoxine bilden, die beim Menschen ernsthafte Vergiftungen auslösen können. Andere Mikroorganismen verursachen zwar nicht gesundheitliche Schäden, sorgen aber dafür, dass die Lebensmittel einfach ungenießbar werden. Daher ist es unerlässlich, alle Lebensmittel, die man nicht in kurzer Zeit frisch verzehrt, auf irgendeine Weise zu konservieren.

Beim täglichen Einkaufen und Verwerten von Glas- und Dosenkonserven, Gefriergut, Konfitüren oder getrockneten Lebensmitteln greifen wir auf Waren zurück, die einem Konservierungsverfahren unterzogen wurden. Viele dieser Lebensmittel können Sie aber auch selber zu Hause herstellen. Der Vorteil ist dann, dass Sie genau wissen, welche Qualität die frische Ware hatte, wie sie behandelt wurde und welche Substanzen bei den verschiedenen Konservierungsverfahren eventuell zugesetzt wurden.

Rechte Seite:
So makelloses Obst eignet sich hervorragend für die verschiedensten Konservierungsmethoden.

Nur einwandfreie Ware konservieren!

Für jedes Konservierungsverfahren gilt: Verwenden Sie nur einwandfreie Ware! Alle Lebensmittel müssen frisch, makellos und frei von Fäulnisstellen sein. Obst und Gemüse sollte unbedingt im richtigen Reifezustand sein.

Obst und Gemüse muss vor der Weiterverarbeitung gründlich verlesen und geputzt werden. Mit Ausnahme von wasserempfindlichen Arten wie Pilzen oder weichen Beeren sollte es zudem gründlich gewaschen werden. Anschließend lässt man es gut abtropfen und tupft es mit Küchenkrepp trocken. Eine Küchenwaage und ein Messbecher sind bei allen Arbeiten unerlässlich, um die entsprechenden Mengen der benötigten Zutaten richtig abmessen zu können.

Nützliche Mikroorganismen

Nicht alle Mikroorganismen, die mit Lebensmitteln in Berührung kommen, richten Schaden an. Einige sorgen auch dafür, dass bestimmte Lebensmittel in einer von uns gewünschten Weise verändert werden. Zu diesen nützlichen Organismen zählen zum Beispiel bestimmte Hefearten, die bei der Herstellung von Bier oder Wein eingesetzt werden.

Sie wandeln Zucker in Alkohol und Kohlendioxid um und sorgen durch diese alkoholische Gärung für den „hochprozentigen" Genuss. Das Aufgehen des Teiges beim Backen von Brot oder Kuchen entsteht durch die Bildung von Gas, und zwar von Kohlendioxid, das als Stoffwechselprodukt bei verschiedenen Gärvorgängen entsteht.

Edelschimmelarten verfeinern das Aroma bestimmter Käsesorten. Die Löcher in den verschiedenen Hartkäsesorten würden sich ohne die Stoffwechselaktivität von Mikroorganismen nicht bilden. Die Milchsäuregärung, die aus Weißkohl das gesunde Sauerkraut macht, wäre ohne Milchsäurebakterien nicht möglich. Und zahlreiche Molkereiprodukte wie Jogurt, Kefir oder Quark würden ohne die winzigen Helfer nicht entstehen. So lässt sich die Reihe der gezielt eingesetzten Mikroorganismen bei der Lebensmittelherstellung noch fortsetzen. Dennoch führen die meisten natürlich vorkommenden Pilze, Hefen oder Bakterien zu einem Verderben der Lebensmittel, das es durch das Konservieren zu vermeiden gilt.

Wie funktioniert das Konservieren?

Mikroorganismen stellen wie alle anderen Lebewesen bestimmte Ansprüche an ihre Umgebung, um sich erfolgreich vermehren zu können. So benötigen sie beispielsweise Wasser, Nährstoffe und zum Teil Sauerstoff zum Wachsen. Entzieht man ihnen nun eine oder mehrere dieser Lebensgrundlagen, können sie sich nicht mehr vermehren oder sterben sogar ab.

Extrem niedrige oder hohe Temperaturen sowie außergewöhnlich hohe

Die verschiedenen Konservierungsmethoden

Methode	Wirkung auf die Mikroorganismen	Vorteile	Nachteile
Einfrieren	Wachstum der Mikroorganismen wird gestoppt, sie werden aber nicht abgetötet	Inhaltsstoffe bleiben weitgehend erhalten; kein großer Arbeitsaufwand	Kostenaufwand für Gefriergerät und Strom
Dörren	Durch das Trocknen wird die Lebensgrundlage Wasser entzogen	Inhaltsstoffe bleiben weitgehend erhalten; bei kleineren Mengen kann ohnehin vorhandene Wärme genutzt werden	relativ hoher Aufwand; bei größeren Mengen Dörrgerät erforderlich
Einlegen	Hochkonzentrierte Alkohol- oder Essiglösungen töten die meisten Mikroorganismen ab; Öl verhindert ihre Vermehrung	Möglichkeit, den Lebensmitteln intensive Geschmacksnoten zu verleihen; kaum Energiekosten	bei geringeren Alkohol-Konzentrationen nicht so lange haltbar
Milchsauer Einlegen	In dem entstandenen sauren Milieu können die Mikroorganismen nicht überleben	Gesundheitswert der Lebensmittel wird erheblich erhöht; keine Energiekosten	großer Arbeitsaufwand
Einkochen	Durch Erhitzen werden die Mikroorganismen abgetötet. Das luftdichte Verschließen verhindert einen Neubefall	für sehr viele Lebensmittel geeignet; sehr lange Halbarkeit des Einmachgutes	großer Arbeits- und Energieaufwand; Inhaltsstoffe gehen teilweise verloren
Kandieren	Die hohe Zuckerkonzentration macht ein Leben für die Mikroorganismen unmöglich	geringe Kosten	sehr großer Arbeitsaufwand
Räuchern	Das Salz und die im Rauch enthaltenen Substanzen sowie der Wasserentzug haben eine keimhemmende Wirkung, töten aber nicht ab	Möglichkeit, den Lebensmitteln ein besonderes Aroma zu verleihen	großer Arbeitsaufwand; spezielle Geräte werden benötigt

Sauber arbeiten!

Werden Lebensmittel durch Einlegen oder Einkochen haltbar gemacht, ist sauberes Arbeiten oberstes Gebot. Alle Gefäße, die verwendet werden, wie Einkochgläser, Gläser mit Twist-off-Verschluss oder mit Schnappdeckelverschluss, Flaschen sowie Gefäße aus Steingut müssen Sie vor dem Verwenden gründlich reinigen und möglichst heiß ausspülen. Dann lassen Sie sie bis kurz vor dem Befüllen umgedreht abtropfen. Sie dürfen auf keinen Fall mit einem Küchentuch abgetrocknet werden, da auf diese Weise Stofffusseln und auch Verunreinigungen in die Gefäße gelangen.

Konzentrationen bestimmter Substanzen wie Alkohol, Zucker oder Säure hemmen die Mikroorganismen in ihrem Wachstum oder töten sie ab. Dies macht man sich bei den verschiedenen Konservierungsmethoden zu Nutze. Wurde den Mikroorganismen durch eine dieser Methoden die Lebensgrundlage entzogen oder wurden sie sogar abgetötet und werden die Lebensmittel dann unter Luftabschluss aufbewahrt, was einen Neubefall mit schädlichen Keimen verhindert, sind sie viel länger oder unter Umständen sogar unbegrenzt haltbar.

Grundsätzlich unterscheidet man physikalische und chemische Konservierungsverfahren. Zu den physikalischen Verfahren zählen Kühlen, Einfrieren, Erhitzen und Trocknen. Bei den chemischen Verfahren sorgen bestimmte Substanzen – oft in Verbindung mit Erhitzen – für die konservierende Wirkung. Hierzu zählen Zucker, Alkohol, Säure (Essig, Milchsäure), Öl, Salz sowie die im Rauch enthaltenen Substanzen. Die in der Lebensmittelindustrie verwendeten Konservierungsstoffe sind unter anderem organische Säuren, die aber bei den natürlichen Konservierungsmethoden, wie sie in diesem Buch beschrieben werden, keine Rolle spielen.

Einfrieren

Die wohl einfachste und vermutlich auch am häufigsten praktizierte Methode des Konservierens ist das Einfrieren. Der Vorteil ist, dass das Gefriergut ganz frisch und – bei Obst und Gemüse – im optimalen Reifezustand konserviert werden kann und dass dabei die wertvollen Inhaltsstoffe weitgehend erhalten bleiben. Allerdings sollten Sie einige Grundregeln beachten, damit die gefrorenen Lebensmittel auch nach dem Auftauen eine möglichst gute Qualität behalten.

Konservierende Wirkung

Die auf den Lebensmitteln befindlichen Mikroorganismen werden durch das Einfrieren zwar nicht abgetötet, verharren aber durch die tiefen Temperaturen in einer Art Ruhezustand, so dass sie keinen Schaden anrichten können, solange das Gefriergut bei mindestens −18 °C gelagert wird. Durch Einfrieren lässt sich jedoch keine Keimfreiheit erreichen, das heißt, wenn die Ware wieder auftaut, kann sie ebenso schnell oder sogar schneller verderben als frische Lebensmittel. Bei unsachgemäßem Auftauen bieten matschig gewordenes Obst und Gemüse eine noch größere Angriffsfläche für Mikroorganismen, weil die Zellen zerstört wurden. Deshalb sollten Sie Obst und Gemüse am besten langsam im Kühlschrank auftauen.

Welche Lebensmittel eignen sich zum Einfrieren?

Das Einfrieren ist eine Konservierungsmethode, für die sich die meisten Lebensmittel eignen. Nicht geeignet sind ganze Eier (roh oder gekocht), Salat sowie Gemüsearten, die nur roh verzehrt werden, wie Salatgurken, Radieschen, Rettich, Tomaten und Zwiebeln. Dagegen lassen sich fertig gekochte Gerichte mit Tomaten oder Zwiebeln gut einfrieren. Auch rohe Kartoffeln sind nicht geeignet. Sie sollten zum Beispiel für Pommes frites schon vorfrittiert sein.

Material und Geräte

- Messer, Schälmesser und Entsteiner zum Vorbereiten der Lebensmittel
- Kochtopf und Sieb zum Blanchieren von Gemüse
- evtl. Zucker und Zitronensäure zum Blanchieren von hellem Obst
- zum Verpacken Polyethylenbeutel mit Clips zum Verschließen, starke Alufolie, Gefrierdosen, Eiswürfelschale
- evtl. Gerät zum Verschweißen der Kunststoffbeutel
- Filzstift zum Beschriften
- Gefriertruhe oder -schrank

Die wichtigsten Utensilien zum Einfrieren sind meist ohnehin in jedem Haushalt vorhanden.

Aufgeschlagene Eier oder Eigelb und Eiklar getrennt können Sie – je nach weiterer Verwendung – mit etwas Salz oder Zucker verschlagen einfrieren. Molkereiprodukte sind nur bedingt zum Einfrieren geeignet. Hier kann man allgemein sagen: Je höher der Fettgehalt (bei Sahne oder Käse), umso besser sind die Gefriereigenschaften. Da Milch, Sahne oder Schmant (Saure Sahne) heutzutage aber immer in haltbarer Version angeboten wird, können Sie sich von diesen Lebensmitteln auch einen gewissen Vorrat anlegen, ohne sie einfrieren zu müssen. Butter eignet sich sehr gut zum Einfrieren, sie soll dadurch sogar ein besseres Aroma erhalten. Auch fertig zubereitete Kräuter- oder Knoblauchbutter können Sie gut portionsweise einfrieren.

Fleisch, Geflügel, Fisch und Innereien kann man grundsätzlich gut einfrieren, wobei mageres Fleisch besser geeignet ist als fettes. Es muss auf alle Fälle von guter Qualität und bereits abgehangen sein. Auch magerer Fisch ist besser geeignet zum Einfrieren und länger haltbar als fetter Fisch.

Grundsätzlich eignen sich fast alle Obstarten (Ausnahme: Avocado) zum Einfrieren, wobei jeweils überlegt werden sollte, ob nicht eine andere Konservierungsmethode sinnvoller ist. Kernobst lässt sich beispielsweise besser zu Kompott oder Gelee verarbeiten. Auch Kirschen oder Pflaumen können Sie gut einkochen. Beerenobst oder Erdbeeren sind dagegen auch zum Einfrieren geeignet, besonders wenn Sie sie später als Kuchenbelag oder für Desserts verwenden möchten. Wenn die Ernte im Garten sehr reich ausfällt und Sie gerade nicht die Zeit oder Lust haben, das Obst weiterzuverarbeiten, können Sie aber ruhig alle Arten in den Kälteschlaf schicken, um erst später zu entscheiden, ob Sie daraus Kompott, Kuchen, Desserts oder Konfitüre zubereiten wollen.

Backwaren aller Art lassen sich sehr gut tiefkühlen. Und sogar roher Teig kann eingefroren werden. Der Vorteil ist, dass Sie größere Mengen vorbereiten und dann später in geeigneten Portionen auftauen und fertig backen können.

Nicht zuletzt ist das Einfrieren auch wichtig, um fertig zubereitete Gerichte zu konservieren, sei es als „Resteverwertung" oder als Zeitersparnis für Tage, an denen es beim Kochen mal schnell gehen muss.

Vorbereitung des Gefriergutes

Molkereiprodukte bedürfen keiner besonderen Vorbereitung und können meistens in der Verkaufsverpackung (nicht bei Glasverpackungen) eingefroren werden. Käse und Butter kann man zusätzlich in Alufolie verpacken.

Decken Sie Knochen mit Alufolie ab und versehen Sie die Beutel mit Etiketten, die Sie mit dem Datum des Einfrierens beschriften.

Fleisch muss wie schon erwähnt gut abgehangen sein. Bei fetteren Fleischsorten sollten Sie möglichst viel Fettgewebe entfernen, um die Haltbarkeit zu erhöhen. Auch Innereien werden gründlich entfettet und von Sehnen und Häuten befreit. Geflügel wird natürlich vor dem Einfrieren ausgenommen. Die Innereien können Sie separat einfrieren oder gleich verwerten. Fleisch sollte auch möglichst ohne Knochen eingefroren werden, denn einerseits nehmen die Knochen unnötigen Platz weg und andererseits können sie die Gefrierverpackung beschä-

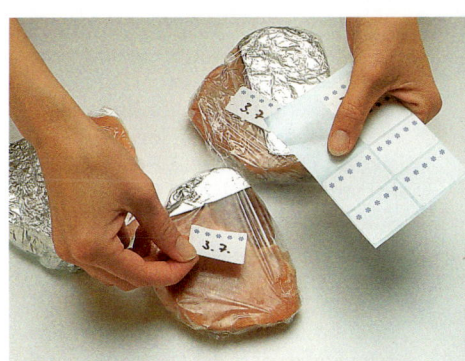

digen. Aus den Knochen können Sie eine kräftige Brühe kochen und separat einfrieren. Soll das Fleisch doch mit Knochen eingefroren werden (wie bei Kotelett oder Hähnchen), bedeckt man die Knochenenden mit Alufolie, um sie gegen die Verpackung abzupolstern. Beim Einfrieren von Gulasch, Schnitzel, Steak oder Kotelett sollten Sie die einzelnen Stücke nebeneinander auf einem Tablett vorfrieren, bis sie hart sind, und dann in Gefrierbeuteln endgültig einfrieren. Bei Steaks oder Schnitzeln empfiehlt es sich, jeweils ein Stück Folie zwischen die Stücke zu legen, um sie später besser einzeln entnehmen zu können.

Fisch wird nur ganz frisch entweder im Ganzen (natürlich ausgenommen) oder filetiert eingefroren. Nachdem Sie das Gefriergut gut abgewaschen und trockengetupft haben, legen Sie es einzeln nebeneinander auf ein Tablett im Vorfrostfach. Ist der Fisch hart gefroren, wird er glaciert, das heißt kurz in kaltes Wasser getaucht. Durch das Glacieren erhält der Fisch eine Art Schutzschicht, die ihn vor Gefrierbrand bewahrt. Hinzu kommt noch der optische Effekt, dass der Fisch oder das Filet geradezu fangfrisch und somit besonders appetitlich aussieht. Anschließend wickeln Sie ihn zuerst in Klarsichtfolie und dann in Alufolie oder füllen ihn in Gefrierbeutel und frieren ihn endgültig ein.

Obst können Sie in der Regel roh einfrieren. Die Früchte müssen sauber und makellos sein. Kleine Obstarten werden im Ganzen eingefroren. Eine besondere Vorgehensweise empfiehlt sich beim Einfrieren von Beerenobst, Erdbeeren oder Kirschen: Die gewaschenen und geputzten (bei Kirschen auch entsteinten) Früchte sollten zunächst auf einem Tablett ausgebreitet für einige Stunden vorgefroren werden. Sie behalten so besser ihre Form und frieren außerdem schneller ein, was zu einer verbesserten Qualität nach dem Auftauen führt. Wenn die Früchte hart sind, können Sie sie in Gefrierbeutel oder -dosen füllen und endgültig einfrieren.

Größere Obstarten werden vor dem Einfrieren – falls nötig – geschält, von Samen oder Kerngehäuse befreit und in mundgerechte Stücke geschnitten. Äpfel, Birnen, Aprikosen und Pfirsiche können Sie vor dem Einfrieren blanchieren, also sehr kurz in siedendes Wasser legen, wenn sie später zu Kompott oder Marmelade verarbeitet werden sollen. Setzt man dem Kochwasser noch Zucker und etwas Zitronensäure zu, bleibt die Farbe besser erhalten. Bei Aprikosen und Pfirsichen reicht zum Blanchieren 1 Minute. Äpfel und Birnen blanchiert man abhängig davon, wie hart das Fruchtfleisch ist, 2 bis 3 Minuten.

Soll Obst nach dem Auftauen roh weiterverwendet werden, können Sie es auch mit etwas Zucker einfrieren. Dadurch werden mögliche Verfärbungen und Geschmacksveränderungen weitgehend verhindert. Kleinfrüchtiges Obst wird hierzu einfach mit Zucker bestreut. Alle anderen Obstarten werden in Zuckerlösung, die abgekühlt über die Früchte gegeben wird, eingefroren. In diesem Fall müssen Sie natürlich dicht schließende Gefrierdosen statt Gefrierbeutel verwenden. Die Konzentration der Zuckerlösung richtet sich nach der Eigensüße der Früchte. Anhaltswerte bietet die Tabelle auf Seite 75 im Abschnitt „Obst einwecken".

Gemüse soll auch nach dem Auftauen möglichst knackig bleiben. Das erfordert einige Vorarbeit. Zunächst müssen Sie das Gemüse gründlich putzen, wobei Sie nur makellose, feste Ware verwenden sollten. Die meisten Arten werden dann blanchiert. Ausnahmen bilden hier Auberginen, Lauch, Paprika und Rote Bete. Zum Blanchieren werden Arten wie Blumenkohl oder Brokkoli in Röschen geteilt. Anderes Gemüse wie Kohlrabi, Fenchel oder Möhren wird in Stücke geschnitten. Blattgemüse und Kohlköpfe werden in einzelne Blätter zerteilt, blanchiert und können danach klein geschnitten eingefroren werden.

Zum Blanchieren tauchen Sie das Gemüse am besten in einem Sieb kurz in kochendes Wasser. Die Blanchierzeit liegt zwischen 1 Minute bei Blattgemüse und gut 5 Minuten bei Maiskolben. Durch das Blanchieren werden

Nach dem Blanchieren wird das Gemüse, hier Mangold, in Eiswasser abgeschreckt.

Enzyme zerstört, die Aroma, Farbe und Festigkeit des Gefriergutes beeinträchtigen könnten. Bei hellen Gemüsearten verhindert ein Schuss Essig oder Zitronensaft im Kochwasser eine Dunkelfärbung. Nach dem Blanchieren schrecken Sie das Gemüse in Eiswasser ab, es sollte darin ungefähr so lange verbleiben wie im kochenden Wasser. Dann wird es gründlich abgetropft, mit Küchenkrepp trockengetupft und in Gefrierbeutel abgefüllt.

Nicht blanchiert werden Zucchini, Gemüsegurken, Kräuter und Pilze. Zucchini und Gurken sollten Sie nur zuvor waschen und in Scheiben oder Stücke schneiden. Kräuter werden ebenfalls gewaschen und fein zerkleinert eingefroren. Pilze werden nur verlesen, geputzt und in Scheiben geschnitten. Sie können sie auch schon angedünstet einfrieren.

27

Backwaren und **Teig** benötigen keine Vorbehandlung. Brot können Sie in Scheiben geschnitten portionsweise einfrieren, was besonders bei kleinen Haushalten sinnvoll ist. Damit sich die Scheiben hinterher gut voneinander trennen lassen, können Sie Butterbrotpapier oder Alufolie dazwischen legen. Blechkuchen wird ebenfalls in Stücke geschnitten und in nicht zu großen Portionen eingefroren. Torten werden ohne Verpackung zunächst vorgefroren, damit eventuelle Verzierungen schön in Form bleiben. Eine Portionieren vor dem Einfrieren verringert später die Auftauzeit.

Gefrierbehälter

Es gibt verschiedene Möglichkeiten, das Gefriergut sachgerecht zu verpacken. Wichtig ist, dass die Verpackungen dicht schließen und stabil sind. Durch beschädigte oder ungeeignete Verpackungen kann das Gefriergut austrocknen und es kommt zu dem so genannten Gefrierbrand. Besonders Fleisch und Fisch werden dadurch in Mitleidenschaft gezogen und im schlimmsten Fall ungenießbar.

Am häufigsten werden Beutel oder Folien aus Polyethylen verwendet. Sie müssen mindestens 0,05 mm stark sein. Sie eignen sich für Gemüse, Obst, Fleisch, Fisch und Backwaren. Mit Clips oder Gummibändern können sie dicht verschlossen werden. Wichtig ist, dass möglichst wenig Luft in den Beuteln verbleibt. Optimal ist es, wenn Sie ein Gerät benutzen, mit dem die Beutel luftdicht verschweißt werden können.

Kleine Portionen

Soßen, Brühen oder Kräuter (vermischt mit Wasser) können Sie auch in Eiswürfelschalen einfrieren. So lassen sie sich später bequem portioniert als Eiswürfel beim Kochen verwenden.

Extra starke Aluminiumfolie eignet sich für Butter und Käse sowie für unregelmäßig geformte Stücke wie Geflügel, Kuchen oder Torten.

Ist das Gefriergut mehr oder weniger flüssig, sollten Sie stabile Behälter aus Kunststoff oder Aluminium verwenden. Sie eignen sich für weiches Obst, Flüssigkeiten aller Art sowie fertig zubereitete Gerichte.

Richtig einfrieren und auftauen

Einfrieren

Die Qualität des Gefriergutes bleibt umso besser erhalten, je schneller es abgekühlt wird. Das hat mehrere Gründe. Einerseits ist bis −12 °C noch ein Wachstum von Mikroorganismen möglich. Je schneller abgekühlt wird, desto weniger können sie sich also vermehren.

Andererseits wird beim Gefriervorgang das Wasser in Eiskristalle umgewandelt. Geht dieser Vorgang langsam vonstatten, gefriert zunächst das Wasser in den Zellzwischenräumen, was zur Folge hat, dass noch Wasser aus den Zellen nach außen wandert, um das Konzentrationsgefälle auszugleichen. Dadurch schrumpfen die

Zellen und beim späteren Auftauen geht zu viel Flüssigkeit verloren, weil das Wasser nicht in die Zellen zurückwandert. Außerdem entstehen beim langsamen Gefrieren große Eiskristalle, welche die Zellwände zerstören können und somit zu unnötigem Flüssigkeitsverlust beitragen. Wird das Gefriergut jedoch möglichst rasch heruntergekühlt, bleibt das Wasser in den Zellen und gefriert dort zu kleinen Eiskristallen. Je schneller das Wasser gefriert, umso kleiner sind die Eiskristalle und umso weniger Schaden richten sie an den Zellwänden an, was wiederum den Saftverlust nach dem Auftauen verringert.

Beim Einfrieren müssen die Lebensmittel also in möglichst kurzer Zeit auf unter −20 °C abgekühlt werden. In der Industrie wird Tiefkühlware sogar bei −30 °C schockgefroren.

Das Schockgefrieren kann in einem speziellen Vorfrostfach des Tiefkühlgerätes – falls vorhanden – erfolgen. Ansonsten kühlt man das ganze Gerät einige Stunden vorher auf Schocktemperatur herunter, was durch die Betätigung eines speziellen Schalters (der so genannten Super-Einstellung) erfolgt. Je schneller der Kälteschock erfolgt und je tiefer die Temperatur ist, desto frischer sind die Lebensmittel nach dem Auftauen.

Das Gefriergut sollten Sie nicht in zu großen Portionen abpacken. Je kleiner die Packmengen sind, umso schneller sind sie gefroren. Ist bei Ihrem Gefriergerät kein Vorfrostfach vorhanden, sollten Sie die einzufrierenden Päckchen nicht auf schon gefrorene Ware legen, sondern direkt auf kältefühende Flächen.

Sobald die Ware hart gefroren ist, können Sie sie aus dem Vorfrostfach nehmen und in den normalen Lagerraum des Tiefkühlgerätes legen. Wenn Sie das ganze Gerät heruntergekühlt haben, können Sie dann wieder die Normaleinstellung wählen. Grundsätzlich sollte das Gefriergut bei mindestens −18 °C gelagert werden. Diese Temperatureinstellung ist bei den Geräten in der Regel im Normalbetrieb vorgegeben.

Fruchtige „Eiswürfel"

Wie wäre es mit einem dekorativen und zugleich aromatischen Ersatz für die sonst üblichen Eiswürfel aus Wasser? Hierfür verwenden Sie einfach verschiedene Arten von Früchten, die passend zum Getränk ausgewählt werden können und es nicht nur kühlen, sondern ihm auch ein dezentes zusätzliches Aroma verleihen.

Geeignete Früchte sind Limetten oder Zitronen (natürlich nur ungespritzt), Kumquats, Erdbeeren oder Ananas. Limetten und Zitronen werden heiß abgewaschen und in Scheiben geschnitten. Kumquats sollten Sie halbieren und eventuell vorhandene Kerne entfernen. Das Fruchtfleisch der Ananas wird in mundgerechte Stücke geschnitten, Erdbeeren werden im Ganzen verwendet.

Die so vorbereiteten Früchte werden nebeneinander auf einem Tablett vorgefroren und, sobald sie hart sind, in nicht zu großen Portionen in Beuteln endgültig eingefroren. Bei der Zubereitung von Mixgetränken, Säften oder Cocktails geben Sie die Früchte im gefrorenen Zustand kurz vor dem Servie-

Rote Grütze lässt sich hervorragend aus gefrorenen Früchten zubereiten.

ren in das Getränk. Alternativ können Sie auch Fruchtsäfte in Eiswürfelschalen einfrieren und später anstatt normaler Eiswürfel verwenden.

Auftauen
Je sorgfältiger die Ware eingefroren wurde und je schneller die Abkühlung erfolgt ist, umso weniger Flüssigkeit

wird nach dem Auftauen von den Lebensmitteln abgegeben. Manche brauchen Sie vor der weiteren Verwendung gar nicht aufzutauen. Andere müssen möglichst langsam und schonend aufgetaut werden. Sie sind dann im Idealfall nach dem Auftauen von frischer Ware nicht mehr zu unterscheiden.

Molkereiprodukte und Eier tauen Sie am besten bei Zimmertemperatur auf. Fleisch und Fisch sollten möglichst langsam im Kühlschrank aufgetaut werden. Kleinere Stücke können auch gefroren oder angetaut gebraten oder gegart werden, wobei sich natürlich die Garzeit verlängert und die Brattemperatur nicht zu hoch gewählt werden darf, damit das Fleisch nicht außen zu dunkel wird, während es innen noch halb roh ist.

Gemüse braucht vor dem Dünsten nicht aufgetaut zu werden. So bleiben Geschmack, Vitamine und Mineralstoffe am besten erhalten. Es kann gefroren Suppen oder Soßen beigegeben werden und für Warmgemüse wird es einfach in etwas Salzwasser langsam erhitzt. Die Garzeit ist etwa um ein Drittel kürzer als bei frischem Gemüse. Auch Obst für Kuchenbelag, Kompott, Konfitüre, Gelee oder Getränke können Sie im gefrorenen Zustand verwenden. Ansonsten wird es langsam im Kühlschrank aufgetaut. Hierbei sollten Sie berücksichtigen, dass Obst sein volles Aroma erst oberhalb von 15 °C entwickelt, daher sollten Sie es nicht zu kalt servieren.

Brot und Kuchen kann bei Zimmertemperatur aufgetaut werden. Beschleunigen lässt sich dieser Vorgang durch Auftauen im Mikrowellengerät oder im Backofen. Blechkuchen und Brötchen schmecken ohnehin am besten, wenn sie noch einmal kurz im Backofen aufgebacken werden. Einzelne Brotscheiben können Sie auch im Toaster auftauen. Torten werden im Kühlschrank aufgetaut, damit Sahne- oder Cremefüllungen frisch und Verzierungen in Form bleiben.

Fertig zubereitete Gerichte können im Mikrowellengerät oder im Topf bei kleiner Hitze erwärmt werden.

Rote Grütze

300 g Kirschen, entsteint und gefroren
400 g gemischte Beeren und Erdbeeren, gefroren
1/2 l roter Fruchtsaft
1 Päckchen Vanillepuddingpulver
2–3 EL Zucker

- Vom Saft 6 Esslöffel abnehmen und mit dem Puddingpulver und dem Zucker glattrühren.
- Den restlichen Saft zusammen mit den Kirschen erhitzen. Wenn er beginnt zu kochen, die Puddingpulverlösung einrühren und einmal aufkochen lassen. Die tiefgefrorenen Beeren hinzugeben, kurz verrühren, alles in eine Servierschüssel schütten und abkühlen lassen.
- Dazu schmeckt Schlagsahne, Vanillequark oder Vanillesoße.

Tipp: Wenn Sie die Beeren in gefrorenem Zustand in die heiße Stärkelösung geben, behalten Sie sehr schön Ihre Form und werden nicht so matschig. Das gilt besonders für die empfindlichen Himbeeren.

Dörren

Das Trocknen von Lebensmitteln ist wohl die einfachste und ursprünglichste Konservierungsmethode, die sicherlich schon vor Jahrtausenden von den Menschen praktiziert wurde. Heute ist dieses Verfahren bei vielen in Vergessenheit geraten, obwohl man gerade durch eine solch schonende Art Lebensmittel haltbar zu machen wichtige Inhalts- und Aromastoffe weitgehend erhalten kann. Nur Vitamin C wird beim Dörren abgebaut und muss anderweitig durch die Nahrung aufgenommen werden.

Durch das Dörren werden die Lebensmittel nicht nur haltbar, sondern sie werden auch leichter und verringern ihr Volumen. So ist ihre Lagerung einfach und beansprucht nur wenig Platz. Der Energieaufwand ist relativ gering, besonders wenn Sie ohnehin vorhandene Wärmequellen nutzen. Wollen Sie regelmäßig größere Mengen dörren, lohnt sich dagegen die Anschaffung eines Dörrgerätes. Die Lebensmittel werden ohne weitere Zusätze konserviert (im Gegensatz zu gekauften Trockenfrüchten, die häufig geschwefelt sind), so dass sie wirklich „naturrein" später verwendet werden können.

Konservierende Wirkung

Ohne Wasser kann kein Leben existieren. Genau dieses Prinzip macht man sich beim Dörren zu Nutze. Dem Dörrgut wird über Stunden oder Tage unter kontrollierten Bedingungen das Wasser entzogen, so dass die schädlichen Mikroorganismen letztlich nicht mehr darauf leben können. Obst, Gemüse, Pilze und Kräuter eignen sich hervorragend zum Dörren. Die ideale Temperatur für den Trocknungsvor-

Solch appetitliche Resultate erzielen Sie, wenn die frischen Früchte in einwandfreiem Zustand waren.

Kräuter werden gebündelt und können anschließend kopfüber an einem trockenen Ort aufgehängt werden.

gang liegt zwischen 30 und 70 °C, wobei für einen permanenten Luftaustausch gesorgt werden muss, damit die verdunstende Feuchtigkeit abziehen kann. Am schonendsten ist die Trocknung bei möglichst niedrigen Temperaturen, weil dann die Nährstoffe weitgehend erhalten bleiben. Je höher die Dörrtemperatur ist, desto mehr Inhaltsstoffe werden vernichtet.

Welche Lebensmittel eignen sich zum Dörren?

Zum Trocknen oder Dörren eignen sich vor allem Obst und Gemüse sowie Kräuter und Pilze, und zwar umso besser, je geringer der Wassergehalt ist.

Prinzipiell kann man auch Fleisch und Fisch trocknen (Dörrfleisch), was aber in unseren Breiten kaum Anwendung findet und daher hier auch nicht beschrieben wird.

Zum Dörren sollten Sie nur absolut einwandfreie Ware mit dem richtigen Reifegrad und ohne Druckstellen oder Flecken verwenden. Sie darf weder überreif oder matschig noch unreif und hart sein.

Vorbereitung des Dörrgutes

Obst wird zunächst sorgfältig verlesen, gewaschen, gut abgetrocknet und von Stielen befreit. Steinobst wird entsteint. Bei Kernobst wird das Kernge-

33

Material und Geräte

- Messer, Schälmesser und Entsteiner zum Vorbereiten der Lebensmittel
- Schnur, dünne Holzstangen oder Stricknadeln zum Auffädeln
- Trockensieb oder Drahtgeflecht
- Packpapier oder Küchenkrepp
- Backofen oder Dörrgerät
- dicht schließende Gefäße oder Tüten
- evtl. Salzwasser oder Zitronensaft für den Erhalt der Farbe

häuse entfernt und das Fruchtfleisch in Stücke oder Ringe geschnitten. Im Ganzen werden nur Kirschen, Pflaumen und Beeren getrocknet. Alle anderen Früchte werden in nicht zu große Stücke, Schnitze oder Scheiben geschnitten.

Obstarten mit hellem Fruchtfleisch können Sie vor dem Trocken kurz in Salz- oder Zitronenwasser tauchen oder mit verdünnter Zitronensäure besprühen, damit sie nicht braun werden. Sie können sie auch in heißem Zuckerwasser mit einem Schuss Zitronensaft kurz blanchieren, wodurch die Süße etwas verstärkt wird.

Von den Gemüsearten eignet sich vor allem **Kraut-, Wurzel- und Zwiebelgemüse** zum Dörren, aber auch getrocknete **Tomaten** finden heute vielfältige Anwendung in der Küche. Gemüse wird geputzt, gewaschen und kochfertig vorbereitet. Gemüsearten mit langer Garzeit sollten vor dem

Dörren blanchiert werden, das verkürzt hinterher die Kochzeit.

Pilze werden nur verlesen und geputzt, auf keinen Fall gewaschen. Druckstellen oder madige Bereiche sollten Sie großzügig ausschneiden. Pilze, die nicht mehr schnittfest sind, eignen sich nicht zum Trocknen. Größere Pilze werden in dünne Scheiben geschnitten, kleine können auch einfach im Ganzen aufgefädelt getrocknet werden.

Gewürz- und Teekräuter werden nur verlesen und als ganze Stiele oder Zweige zu kleinen Bündeln zusammengefasst. Von der Kamille werden nur die Blütenköpfchen verwendet und auf Sieben getrocknet. Hagebutten werden halbiert, die kleinen Kernchen werden entfernt und die Hälften mit der Schnittseite nach oben auf das Dörrsieb gelegt.

Trocknungsmethoden

Lufttrocknen

Die einfachste und energiesparendste Methode ist das Lufttrocknen an einem warmen Ort, aber in jedem Fall ohne direkte Sonneneinstrahlung. Das kann unter einem Dachvorsprung über dem Balkon oder der Terrasse sein, ein luftiger Dachboden oder ein Platz über einem Ofen oder einem Heizkörper. Bei sehr wasserreichen Früchten wie Pflaumen oder Birnen führt diese Methode jedoch meist nicht zum gewünschten Ergebnis. Wenig wasserhaltiges Dörrgut dagegen, wie Kräuter, Blätter oder Blüten für Tee sowie Pilze, dünne Bohnen oder Apfelringe, lassen sich gut an der Luft trocknen.

Apfelringe können gut, an einer Schnur aufgefädelt, luftgetrocknet werden.

Beim Lufttrocknen, das mehrere Tage dauert, besteht die Gefahr des Einstaubens, deshalb sollte das Dörrgut nicht länger als nötig getrocknet werden. Gerade bei Kräutern kann es auch schnell vorkommen, dass sie schon im aufgehängten Zustand beginnen zu bröseln. Das Dörrgut sollten Sie deshalb auf alle Fälle täglich kontrollieren und rechtzeitig zur Lagerung verpacken.

Kräuter können Sie zu kleinen Sträußen gebündelt kopfüber aufhängen. Blätter, Blüten und Pilze (größere werden in Scheiben geschnitten) werden am besten auf einem Trockensieb oder einem mit Küchenkrepp belegten Drahtgeflecht ausgebreitet. Ein Trockensieb können Sie sich einfach aus einem Holzrahmen und einem Fliegengitter selber bauen.

Äpfel werden geschält und in Ringe geschnitten, wobei das Kerngehäuse zuvor entfernt wird, blanchiert (siehe Seite 26) und auf einer Schnur aufgefädelt aufgehängt. Auch Bohnen können Sie auf eine Schnur auffädeln und trocknen.

Trocknen im Backofen
Das Trocknen im Backofen ist für alle Arten von Dörrgut geeignet. Wenn es

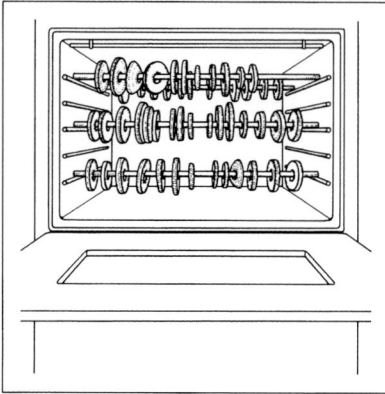

Apfelringe lassen sich, auf Holzstäbe gefädelt, auch gut und schnell im Backofen trocknen.

sich um einen herkömmlichen Backofen handelt, sollten Sie die Tür einen Spalt offen lassen, damit die feuchte Luft entweichen kann. Bei einem Heißluftgerät ist das nicht notwendig, da die feuchte Luft ohnehin nach außen geleitet wird.

Das Dörrgut wird auf den Einschieberosten, auf die man zuvor Pergamentpapier gelegt oder Gaze gespannt hat, nebeneinander ausgebreitet. Je nach Form und Beschaffenheit des Dörrgutes können Sie es auch auf dünne Holzstäbe oder Stricknadeln in der entsprechenden Länge auffädeln und in die Leisten des Backofens einschieben.

Die Trocknungstemperatur beträgt zwischen 60 und 70 °C. Da je nach Wassergehalt des Dörrgutes der Trocknungsvorgang bis zu zwei Tage dauern kann, ist für diese Zeit der Backofen blockiert. Daher lohnt sich für Haushalte, die regelmäßig größere Mengen trocknen wollen und auch den Backofen häufiger anderweitig benutzen, die Anschaffung eines Dörrgerätes.

Trocken im Dörrgerät
Elektrische Dörrgeräte gibt es in verschiedenen Ausführungen und Größen. Sie können aus emailliertem Metall oder Kunststoff bestehen. Die Funktionsweise ist aber prinzipiell bei allen gleich. Im unteren Teil des Dörrgerätes befindet sich als Heizquelle eine Wärmeschlange oder Heizspirale, über der ein Ventilator angebracht ist, damit der warme Luftstrom gleichmäßig im oberen Teil, in dem sich die Trockensiebe befinden, verteilt wird. Die Trockensiebe bestehen aus rostfreiem Metall oder hitze- und spülmaschinenfestem Kunststoff. Die Grundausstattung der Geräte umfasst meist drei Trockensiebe.

Manche Modelle fassen gleichzeitig bis zu zehn Stück. Wie viele Siebe man gleichzeitig verwenden kann, hängt vom Wassergehalt des Dörrgutes ab. Grundsätzlich kann man außerdem sagen, dass ab dem vierten Sieb die Temperatur um 10 bis 30 °C abnimmt. Daher können Sie die Siebe Nr. 4 bis 10 zum Vortrocknen verwenden. Ist dann das Dörrgut auf den ersten drei Sieben fertig gedörrt, rücken Sie die nächsten Siebe nach unten. Hierbei sollten Sie das Dörrgut durch leichtes Schütteln der Siebe oder per Hand wenden.

Die Siebe sollten höchstens zu 90 Prozent mit Dörrgut belegt werden, damit die warme Luft noch gut zirkulieren kann. Es ist ohne Weiteres möglich, auf den unterschiedlichen Sieben gleichzeitig verschiedene Obst- und Gemüsearten zu trocknen, da sich der Geschmack nicht überträgt.

Die Temperatur lässt sich normalerweise zwischen 30 und 120 °C einstellen. Meistens erfolgt die Temperaturregelung in vier Heizstufen:
Heizstufe 1: 30 bis 45 °C
Heizstufe 2: 60 bis 80 °C
Heizstufe 3: 85 bis 100 °C
Heizstufe 4: 100 bis 120 °C

Je höher der Wassergehalt ist, umso höher müssen Sie die Heizstufe wählen. Bei wasserhaltigen Früchten wie Äpfeln, Aprikosen, Birnen oder Pflaumen empfiehlt sich Stufe 3 oder 4. Gemüse wie Blumenkohl, Bohnen, Fenchel und Suppengemüse wird bei Stufe 2 bis 3 getrocknet. Bei Pil-

zen, Kräutern, Blattgemüse oder Zwiebeln reichen die Stufen 1 bis 2 aus. Die erforderliche Temperatur und die Trocknungsdauer hängen jeweils von der Beschaffenheit des Trockengutes ab, daher gibt es keine allgemein gültigen Angaben. Testen Sie zwischendurch immer wieder den Trocknungszustand. Mit ein bisschen Erfahrung werden Sie dann bald die optimale Einstellung herausgefunden haben.

Insgesamt können bis zu 5 kg Obst und Gemüse gleichzeitig in einem Dörrgerät getrocknet werden.

Der Trocknungsvorgang ist abgeschlossen, wenn
– Früchte keinen Saft mehr abgeben, wenn man sie drückt,
– Gemüse spröde bis zerbrechlich wird,
Paprika und

Im unteren Teil des Dörrgerätes befinden sich die Heizquelle und ein Ventilator. Die Siebe können gestapelt werden.

anziehen. Hierzu eignen sich Metall- und Kunststoffdosen oder Gläser mit Schnappdeckelverschluss und Gummidichtung. Letztere sollten dunkel stehen, damit der Inhalt vor Licht geschützt wird. In den ersten Wochen sollten Sie das Dörrgut regelmäßig kontrollieren. Ist es noch zu feucht, so dass sich Kondenswasser in der Innenwand der Gefäße niederschlägt, muss es unbedingt noch nachgetrocknet werden, damit es nicht zu Fäulnis oder Schimmelbildung kommt.

Trockengut sollte dunkel und trocken bei einer Temperatur möglichst nicht über 15 °C aufbewahrt werden. Kleinere Mengen können Sie auch in Papier- oder Zellophantüten oder Stoffsäckchen abfüllen, aber nur, wenn die umgebende Luftfeuchte nicht zu hoch ist.

Am besten versehen Sie die Gefäße und Tüten mit einem Aufkleber, auf dem das Dörrdatum sowie die Art des Dörrgutes vermerkt ist. Durch zu lange Lagerung leidet das Aroma. Verwerten Sie deshalb das Dörrgut möglichst innerhalb von einigen Monaten. Es sollte nicht länger als ein Jahr aufbewahrt werden.

Selbstverständlich sollte sein, dass jegliches Trockengut nach Sorten ge-

Tomaten sich lederartig anfühlen,
– Pilze rascheltrocken sind und
– Kräuter sowie Blätter oder Blüten für Tee bröseln.

Lagerung und Verarbeitung von Trockengut

Lagerung
Die getrockneten Lebensmittel werden nach dem Abkühlen in dicht schließenden Gefäßen aufbewahrt, damit sie nachträglich keine Feuchtigkeit mehr

trennt aufbewahrt wird, so zum Beispiel verschiedene Kräuter oder Pilzarten. So leidet das Aroma nicht und Sie können Mischungen jeweils nach Bedarf in kleinen Mengen herstellen.

Verarbeitung

Da den gedörrten Lebensmitteln ja das Wasser weitgehend entzogen wurde, benötigen sie bei der weiteren Verwendung in der Küche eine gewisse Vorbehandlung, wenn Sie sie nicht nur als gesunde Knabberei pur genießen möchten.

Soll getrocknetes Obst für Kuchen verwendet werden, wird es zuvor 2 bis 4 Stunden in lauwarmem Wasser eingeweicht. Gemüse wird für etwa 2 Stunden in kaltem Wasser eingeweicht. Wurde es vor dem Trocknen blanchiert, reicht oft die halbe Zeit aus. Auch Pilze werden vor der weiteren Verwendung 3 bis 4 Stunden eingeweicht.

Da in allen Fällen beim Einweichen Aroma- und Nährstoffe in das Einweichwasser übergehen, sollten Sie die Flüssigkeit nicht wegschütten, sondern möglichst beim Kochen mitverwerten. Besonders das Einweichwasser von würzigem Gemüse oder von Pilzen bildet eine gute Grundlage für Suppen und Soßen.

Schlesisches Himmelreich

250 g gemischtes Backobst (z. B. Pflaumen, Aprikosen, Äpfel)
250 g magerer Bauchspeck
2 EL Zucker
1/2 Stange Zimt
Salz, Zitrone
2 TL Speisestärke

- Das Backobst über Nacht in Wasser einweichen.
- Am nächsten Tag den Bauchspeck in 3/4 l Wasser weich kochen.
- Das Backobst abtropfen lassen, mit dem Zucker und der Zimtstange dazugeben und fertig garen.
- Das Fleisch herausnehmen, in kleine Würfel schneiden und wieder zu dem Backobst geben. Die Zimtstange entfernen.
- Die Speisestärke mit etwas kaltem Wasser anrühren und die Soße damit binden.
- Zum Schluss mit Salz und Zitronensaft abschmecken.

Schlesisches Himmelreich passt besonders gut zu Hefeklößen oder Kartoffelknödeln. Man kann es auch nur mit Trockenpflaumen zubereiten.

Birnenbrot

300 g getrocknete Birnen (Hutzeln)
200 getrocknete Zwetschgen
100 g getrocknete Feigen
60 g Sultaninen
130 g Zucker
500 g Mehl
25 g Hefe
100 g Walnusskerne
50 g Zitronat
1 Prise Nelkenpulver
1/2 TL Salz
1 TL Zimt
2 EL Kirschwasser
Fett für das Backblech

- Am Vortag die getrockneten Früchte mit 1/2 l Wasser in einen emaillierten Topf geben und zugedeckt über Nacht stehen lassen.

- Die Früchte mit dem Wasser am nächsten Tag mit 100 g Zucker aufkochen und etwa 10 Minuten kochen lassen, dann abgießen und das Einweichwasser auffangen, 1/4 l davon abmessen.
- Das Mehl in eine Schüssel sieben, eine Vertiefung hineindrücken und die Hefe hineinbröckeln. Die Hefe mit 1 Teelöffel Zucker bestreuen und mit etwas Einweichwasser und Mehl verrühren. Den Vorteig zugedeckt etwa 20 Minuten an einem warmen Ort gehen lassen.
- In der Zwischenzeit die Früchte und die Walnusskerne grob, das Zitronat fein hacken. Alles mit Nelkenpulver, Salz, Zimt und Kirschwasser in einer Schüssel mischen. Das Mehl und das abgemessene Einweichwasser zum Vorteig geben und alles mit den Knethaken des Handrührgerätes zu einem glatten Teig verkneten. Zuletzt die Früchte darunter kneten und den Teig 1 bis 2 Stunden gehen lassen.
- Ein Backblech einfetten. Den Teig nochmals gut kneten und daraus zwei kleine Laibe formen. Die Laibe auf das Backblech setzen und zugedeckt nochmals 30 Minuten gehen lassen.
- Den Backofen auf 180 °C vorheizen. Den restlichen Zucker mit 50 ml

Wasser zum Kochen bringen, den Zucker unter Rühren auflösen, dann beiseite stellen. Die Früchtebrote mit etwas Zuckerwasser bestreichen, dann etwa 60 Minuten backen und kurz vor Ende der Backzeit nochmals mit Zuckerwasser bestreichen.

Chutney aus Trockenfrüchten

250 g getrocknete Pflaumen ohne Stein
250 g getrocknete Aprikosen
200 g Sultaninen
1,5 kg Äpfel
1 unbehandelte Zitrone
250 g brauner Zucker
1 TL Zimt
1 TL Koriander
1 TL Piment
1/2 TL Ingwerpulver
1/8 l Weißwein
1/8 l Weißweinessig

- Die Pflaumen und die Aprikosen fein hacken. Die Sultaninen und die Zitrone heiß abspülen. Die Zitrone mit der Schale in kleine Stücke schneiden. Alle Früchte zusammen mit dem Weißwein mischen und über Nacht zugedeckt durchziehen lassen.
- Am nächsten Tag die Äpfel schälen, vierteln und das Kerngehäuse entfernen. In dünne Scheiben schneiden und mit dem Zucker, den Gewürzen und dem Essig vermischen und zu den eingeweichten Früchten geben.
- Die Masse in einem großen Topf unter Rühren aufkochen und mindestens 15 Minuten lang köcheln lassen, bis eine marmeladenähnliche

Linke Seite:
Das Birnenbrot aus getrockneten Früchten ist eine schwäbische Spezialität zur Weihnachtszeit.

Konsistenz entsteht. Dabei immer wieder umrühren.

- In vorbereitete Gläser füllen und nach dem Abkühlen im Kühlschrank aufbewahren.
- Das Chutney hält sich etwa drei Monate. Angebrochene Gläser sollten möglichst schnell aufgebraucht werden. Wird das Chutney zusätzlich sterilisiert (siehe Seite 90f.), ist es jahrelang haltbar.

Pilzpulver

Zur Herstellung von Pilzpulver sind grundsätzlich alle getrockneten Pilze geeignet, wobei Sie natürlich den aromatischeren Sorten der Vorzug geben werden. Die Pilze sollten möglichst dünn geschnitten und prasseltrocken sein. Es ist zu empfehlen, zum Ende der Trockenzeit die Temperatur etwas zu erhöhen, um einem eventuellen Befall von Milben sicher vorzubeugen. Dann werden die Pilze in einem Mörser oder mit einer sauberen Kaffeemühle fein gemahlen. Sie sollten dabei eine grießartige Körnung anstreben, damit das Pulver nicht so leicht verklumpt. Das Pulver wird in Gläsern oder Metalldosen aufbewahrt. Es kann als Grundlage für Suppen oder Soßen und als Würzmittel verwendet werden, denn die Aromastoffe der Pilze werden im Pulver am besten freigesetzt. Außerdem ist Pilzpulver besser verdaulich als der ganze Pilz, daher können die Nährstoffe vom Körper besser genutzt werden. Ein weiterer Vorteil ist die praktische Handhabung: Pulver muss im Gegensatz zu Trockenpilzen nicht vor der weiteren Verwendung eingeweicht werden.

Kräutersalz und Kräutermischungen

Für Kräutersalz zerstoßen Sie die Blättchen von einer oder mehreren Sorten getrockneter Kräuter im Mörser und vermischen sie mit Meersalz.

Auch Kräutermischungen können Sie sich nach Geschmack zusammenstellen. Die getrockneten Blättchen werden von den Stielen gelöst und mit den Fingern zerrieben. Die verschiede-

Kräuter richtig konservieren

Grundsätzlich kommt das Aroma von Kräutern am besten zur Geltung, wenn sie frisch verwendet werden, denn bei jeder Art der Konservierung wird das Aroma mehr oder weniger stark beeinträchtigt. Dennoch kommen Sie nicht umhin, sich einen bestimmten Vorrat an Kräutern anzulegen. Dann sollten Sie sich für die am besten geeignete Konservierungsmethode entscheiden.

Prinzipiell lassen sich alle Gewürzkräuter trocknen, wobei einige aber weniger gut das Aroma behalten als andere. Getrocknete Kräuter sollten Sie unzerkleinert aufbewahren und erst direkt bei der Verwendung zwischen den Fingern zerreiben. Welche Konservierungsmethoden für die verschiedenen Kräuter am besten geeignet sind, zeigt die Tabelle auf Seite 44.

Frische Kräuter können im Dörrapparat sehr schnell getrocknet werden.

nen Sorten vermischen Sie und bewahren sie in einem dicht schließenden Gefäß oder einer Plastiktüte auf.

Wenn Sie getrocknete Kräuter oder Kräutermischungen in Salatsoßen verwenden möchten, sollten Sie sie zunächst mit einem Löffel Wasser und dem benötigten Essig verrühren und einige Minuten ziehen lassen. So entfalten sie ihr Aroma besser, erhalten eine frischere Farbe und werden weich. Erst dann werden sie mit dem Öl und den restlichen Zutaten vermischt.

43

Konservierungsmöglichkeiten für Kräuter

Name	Empfohlene Konservierungsmethoden
Basilikum	Einfrieren; Einlegen in Essig oder Öl
Bohnenkraut	Trocknen; Einfrieren; Einlegen in Öl
Borretschblüten	Einlegen in Essig
Dill	Trocknen; Einfrieren; Einlegen in Öl
Estragon	Einlegen in Essig oder Öl
Kerbel	Einfrieren
Liebstöckel	Trocknen; Einfrieren
Majoran	Trocknen
Oregano	Trocknen
Petersilie	Einfrieren; Einlegen in Öl
Rosmarin	Trocknen
Salbei	Trocknen
Schnittlauch	Einfrieren
Thymian	Trocknen

Selleriesalz

Mit getrockneten Knollenselleriestückchen und Sellerieblättern können Sie würziges Selleriesalz herstellen.

2 EL getrocknete Selleriewürfel
1 TL getrocknete Sellerieblätter
1 TL Salz

- Getrocknete Selleriewürfel möglichst klein schneiden.
- Getrocknete Sellerieblätter, Selleriewürfel und Salz zusammen in einem Mörser möglichst fein zerreiben.

Das Selleriesalz muss trocken aufbewahrt werden. Es eignet sich als kräftiges Gewürz für Fleischgerichte, Suppen, Soßen und Salate.

Einlegen in Alkohol, Essig oder Öl

Das Einlegen von Lebensmitteln in verschiedene Flüssigkeiten ist eine Möglichkeit der kurz- bis mittelfristigen Konservierung, wobei gleichzeitig der Geschmack beeinflusst werden kann. Am häufigsten ist das Einlegen in Alkohol, Essig oder Öl. Mit verschiedenen Gewürzen können Sie zusätzlich je nach Geschmack die Lebensmittel verfeinern.

Konservierende Wirkung und geeignete Lebensmittel

Für das **Einlegen in Alkohol** ist grundsätzlich nur Obst geeignet. Der Alkohol durchdringt das Zellgewebe, ersetzt teilweise das im Gewebe vorhandene Wasser und tötet Mikroorganismen ab. Ideal dafür sind 54-prozentiger Rum oder andere hochprozentige Brände. Verwenden Sie Spirituosen mit nur 38 oder 42 Volumenprozent Alkohol, können Sie durch Zugabe von 96-prozentigem Alkohol (Weingeist, in Apotheken erhältlich) den Alkoholgehalt erhöhen. Je höher der Alkoholgehalt ist, umso stärker ist die konservierende Wirkung. Möchten Sie den Alkoholgehalt niedrig halten, sollten die Früchte innerhalb von vier bis sechs Wochen verzehrt werden. „Hochprozentiges" wie zum Beispiel der klassische Rumtopf ist dagegen monatelang haltbar. Häufig wird beim Einlegen von Obst in Alkohol noch Zucker zugesetzt, was zusätzlich die Haltbarkeit verbessert.

Für das **Einlegen in Essig** eignen sich vor allem Pilze und Gemüse. Besonders feste, geschlossene Champignonköpfe lassen sich gut verwenden. Beim Gemüse sind die Klassiker Gurke und Kürbis. Aber auch Blumenkohl, Brokkoli, Bohnen, kleine Maiskölbchen, Paprika, Schalotten, Silberzwiebeln und Sellerie können Sie in Essig einlegen. Hart gekochte Eier eignen sich ebenso. Sogar einige Obstarten sind für diese Konservierungsmethode zu empfehlen. Sie werden allerdings – wie Kürbis meistens auch – süß-sauer, also unter Zusatz von Zucker, eingelegt. Früchte, die sich für das süß-saure Einlegen bewährt haben, sind Aprikosen, Birnen, Brombeeren, Heidelbeeren, Holunderbeeren, Johannisbeeren, Kirschen, Pfirsiche, Pflaumen und Quitten. Auch Exoten wie Ananas, Mango und Papaya können Sie so konservieren.

Verwenden Sie am besten normalen Weißweinessig mit einem relativ neutralen Geschmack. Wenn Sie ein spezielles Aroma des Einlegegutes wünschen, sollten Sie entsprechende Gewürze wie Senfkörner, Wacholderbeeren, Lorbeerblätter, Pfefferkörner oder Nelken sowie frische Kräuter lieber gesondert zufügen. Rote oder blaue Früchte können Sie auch in Rotweinessig einlegen.

Normaler Essig besitzt einen Säuregehalt von 5 Prozent, was für diese Konservierungsmethode ausreicht. Verwenden Sie Essigessenzen mit höherem Säuregehalt, müssen Sie entsprechend mit Wasser verdünnen. Weiterhin gibt es noch spezielle Essiglösungen (Gurkenaufguss) zum Einlegen von Gurken fertig zu kaufen, die bereits Zucker und Gewürze enthalten. Wie sie angewendet und verdünnt werden, steht auf der Packung. Außerdem werden noch Zusätze (beispielsweise Gurkendoktor) angeboten, die Konservierungsmittel enthalten und dafür sorgen, dass Gurken besonders knackig bleiben.

Die **konservierende Wirkung** wird einerseits durch das saure Milieu, das durch die Essigsäure entsteht und in dem die meisten Mikroorganismen nicht überleben können, erreicht. Manche sind aber sozusagen säurefest. Um auch sie abzutöten, wird außerdem das Einlegegut mit dem Essigsud erhitzt, so dass bei dieser Methode die Kombination von hohem Säuregehalt und Erhitzen die Lebensmittel haltbar macht. Wenn Sie die gefüllten Gefäße anschließend noch sterilisieren, bleiben die so konservierten Lebensmittel jahrelang haltbar. In diesem Fall handelt es sich dann nicht nur um reines Einlegen, sondern auch um eine Art Einwecken (siehe Seite 70ff.).

Linke Seite:
Eingelegte Gurken sind immer wieder abwechslungsreich und köstlich!

Material und Geräte

– Messer, Schälmesser und Entsteiner zum Vorbereiten der Lebensmittel
– Kochtopf zum Aufkochen des Sudes
– je nach Methode hochprozentiger Alkohol, Essig oder Öl
– Zucker, Gewürze, Kräuter
– dicht schließende Gefäße aus Glas oder Steingut (z. B. für Rumtopf)

Die konservierende Wirkung beim **Einlegen in Öl** beruht darauf, dass sich Mikroorganismen in dem wasserfreien Milieu nicht vermehren können. Allerdings werden sie durch das Öl auch nicht abgetötet. Daher sorgt das Einlegen in Öl nur für eine kurzfristige Konservierung. Geeignet sind Gemüse und vor allem Kräuter und Käse.

Zum Einlegen in Öl sollten Sie nur qualitativ hochwertige Öle verwenden. Am besten geeignet ist kalt gepresstes Olivenöl. Wer das Aroma des Olivenöls nicht so sehr mag, kann auch ein gutes kalt gepresstes Sonnenblumenöl nehmen.

Da durch den relativ hohen Preis von hochwertigen Ölen diese Konservierungsmethode recht kostspielig ist, wird sie weniger zum Haltbarmachen großer Mengen eingesetzt, sondern eher um damit besondere Delikatessen zuzubereiten, die auch in dekorativen Gläsern hübsch verpackt ein ganz besonderes Mitbringsel sind.

Einlegen in Alkohol

Zum Einlegen in Alkohol eignen sich nur makellose, feste Früchte. Fast alle Arten lassen sich auf diese Weise konservieren, wobei Kernobst besser für die Zubereitung von Kompott geeignet ist. Alle anderen heimischen Obstarten einschließlich vieler exotischer Früchte, die bei uns regelmäßig auf den Markt kommen, wie Kiwis, Kumquats, Feigen oder Ananas, sind gut geeignet.

Die Früchte werden gründlich gewaschen und vorsichtig abgetrocknet. Sehr empfindliche Früchte wie Himbeeren oder Brombeeren sollten Sie möglichst nur verlesen. Nur bei starken Verschmutzungen werden sie sanft mit Wasser abgebraust.

Erdbeeren und Beeren werden von Kelchblättern beziehungsweise Blüten- und Stielsansätzen befreit. Steinobst wird entsteint. Größere Früchte – falls erforderlich – werden geschält und in mundgerechte Stücke oder Scheiben geschnitten.

Als Gefäße eignen sich Steinguttöpfe oder Gläser mit Schnappverschluss und Gummidichtung. Die Gefäße müssen Sie sorgfältig reinigen und mit kochendem Wasser ausspülen. Auch die Gummiringe werden ausgekocht und erst kurz vor der Verwendung aus dem Wasser genommen. Die Gefäße lassen Sie auf den Kopf gestellt abtropfen und drehen sie erst kurz vor dem Befüllen wieder um.

Möchten Sie nur einzelne Fruchtarten in Alkohol einlegen, sollten Sie Spirituosen wählen, die im Aroma mit den Früchten harmonieren. So passen beispielsweise Obstschnäpse am besten zu den Früchten, aus denen sie hergestellt wurden (beispielsweise Himbeergeist zu Himbeeren, Slibowitz zu Pflaumen). Soll die Farbe der Früchte auch nach dem Einlegen gut zur Geltung kommen, empfiehlt es sich, klare Brände zu wählen. So lassen sich beispielsweise weiße und blaue Weintrauben sehr dekorativ in Grappa einlegen. Auch Gin und Wodka beeinträchtigen die Farbe nicht. Sie können auch die Spirituosen mit weniger Hochprozentigem wie Wein, Sherry oder Likör mischen. Damit sinkt aber der Gesamtalkoholgehalt und die Früchte sind weniger lange haltbar, so dass sie am besten innerhalb von einigen Monaten verzehrt werden.

Für einen abgerundeten Geschmack und zur Erhöhung der Haltbarkeit werden die Früchte vor dem Einlegen gezuckert. Hierzu können Sie normalen Haushaltszucker verwenden. Besser ist jedoch Einmachzucker geeignet, da dieser einen höheren Reinheitsgrad besitzt. Je nach natürlicher Süße des Obstes rechnet man pro Kilogramm Früchte zwischen 250 und 500 g Zucker. Wenn Sie es weniger süß mögen, können Sie die Zuckermenge auch reduzieren. Ein besonderes Aroma erhalten die Früchte, wenn Sie statt normalem Zucker weißen oder braunen Kandiszucker verwenden.

Das Obst wird mit dem Zucker vermischt und nicht zu eng in das vorge-

Rechte Seite:
In Alkohol eingelegte Beeren sind auch ein hübsches, persönliches Geschenk.

In den klassischen Rumtopf gehören sämtliche Früchte der jeweiligen Saison.

sehene Gefäß geschichtet. Anschließend füllen Sie mit dem Alkohol auf,
so dass alle Früchte von Flüssigkeit bedeckt sind. Dann verschließen Sie das
Gefäß und lassen es mindestens vier
Wochen an einem dunklen Ort stehen.
Während dieser Zeit sollten Sie das
Gefäß regelmäßig vorsichtig schütteln,
damit sich der Zucker gut löst. Sie
können auch den Zucker zuvor mit etwas Wasser oder Saft aufkochen, bis
er sich gelöst hat, und dann zusammen mit dem Alkohol einfüllen. Durch
Zugabe von Würzmitteln wie Zimt,
Nelken oder Zitrone haben Sie die
Möglichkeit, das Aroma zusätzlich zu
verfeinern.

Die Früchte sollten mindestens vier,
besser sechs bis acht Wochen Zeit haben durchzuziehen. Dann dürfen Sie

zum ersten Mal probieren. Damit nicht unnötige Keime in das Gefäß gelangen, sollten Sie die Früchte immer nur mit einem sauberen Löffel entnehmen. Angebrochene Gefäße werden wieder verschlossen und im Kühlschrank aufbewahrt. Wurde beim Ansetzen ein Alkoholgehalt um die 50 Prozent oder höher erreicht, sind die Früchte in den verschlossenen Gefäßen jahrelang haltbar. Je geringer der Alkoholgehalt jedoch ist, umso eher sollte das eingelegte Obst verwendet werden.

In Alkohol eingelegte Früchte können Sie nicht nur pur genießen. Sie passen auch gut zu Eiscreme oder anderen Desserts oder ergeben aufgefüllt mit Sekt oder Champagner ein raffiniertes Mixgetränk.

Grundrezept für Früchte in Alkohol

1 kg Früchte (verzehrfertig gewogen)
500 g Zucker
0,7 l hochprozentiger Alkohol
Gewürze wie Nelken, Zimtstange, Zitrone (Schale oder Saft) nach Belieben und passend zur Frucht

- Früchte waschen, verlesen und je nach Art schälen, entsteinen, vom Kerngehäuse befreien und in mundgerechte, nicht zu kleine Stücke schneiden.
- Mit dem Zucker vermischen und in die vorgesehenen Gefäße einschichten. Gewürze dazugeben und mit dem Alkohol auffüllen.
- Dicht verschließen und regelmäßig schütteln, damit sich der Zucker löst.
- Mindestens sechs Wochen durchziehen lassen.

Der klassische Rumtopf

Der klassische Rumtopf kann auf eine alte Tradition zurückblicken. Schon früher legte man die Früchte einer Erntesaison nacheinander in Rum ein, um sie für den Winter haltbar zu machen. Besonders wenn Sie im eigenen Garten verschiedene Obstarten über die Saison verteilt ernten können, sollten Sie einmal einen klassischen Rumtopf ansetzen.

Da die eingelegten Früchte möglichst vor Licht geschützt werden sollten, eignet sich als Rumtopf am besten ein Steingutgefäß mit 5 Liter Fassungsvermögen. Die Glasur im Innern muss einwandfrei sein und darf keine Haarrisse aufweisen, da sich darin schädliche Mikroorganismen ansiedeln können. Möchten Sie den Rumtopf lieber in einem Glasgefäß ansetzen, muss dieses auf alle Fälle immer dunkel stehen. Bevor Sie die ersten Früchte einlegen, muss das Gefäß gründlich gereinigt und mög-

Genuss mit Vorsicht

In Alkohol eingelegte Früchte sind nicht nur lange haltbar, sondern sie haben es auch in sich. Ein großer Teil des Alkohols wird nämlich von den Früchten aufgesogen, so dass schon der Genuss von einigen Fruchtstücken ganz schnell „zu Kopf steigen" kann. Deshalb sind sie auf keinen Fall etwas für Kinder – auch nicht nur zum „Probieren"!

lichst heiß mit klarem Wasser ausgespült werden. Zum späteren Umrühren sollten Sie einen sauberen Kochlöffel, der nur für diesen Zweck bestimmt ist, verwenden.

Die gewaschenen und vorbereiteten Früchte werden im Verhältnis 2:1 mit Zucker vermischt. Somit rechnet man auf 500 g Früchte 250 g Zucker. Die gezuckerten Früchte lassen Sie etwa eine Stunde durchziehen und geben sie dann mitsamt dem entstandenen Saft in das Gefäß. Dann füllen Sie mit 54-prozentigem Rum auf, so dass die Früchte vollkommen bedeckt sind. Mit dem sauberen Kochlöffel umrühren, damit sich der Zucker gut löst. Sollten die Früchte aufschwimmen, beschweren Sie sie mit einem kleinen, sauberen Teller. Dann wird der Topf mit dem Deckel (falls vorhanden) oder mit Zellophan verschlossen und an einen kühlen Ort, aber nicht in den Kühlschrank gestellt. Regelmäßig, also alle paar Tage, wird kontrolliert, ob noch sämtliche Früchte von Rum bedeckt sind. Sollte das nicht der Fall sein, weil sie schon so viel Flüssigkeit aufgesogen haben, füllen Sie entsprechend mit Rum auf. Auf diese Weise gehen Sie weiter vor, bis über die ganze Saison die verschiedenen Früchte in den Topf gewandert sind.

Das Einlegen beginnt im Juni mit den ersten Erdbeeren. Sie werden im Ganzen in den Rumtopf gegeben. Nur besonders große Früchte werden halbiert. Als nächstes wandern die schönsten makellosen Himbeeren in den Topf. Anschließend kommen Süß- und Sauerkirschen, die zuvor entsteint werden. Pfirsiche und Aprikosen sind als Nächstes an der Reihe. Um sie besser schälen zu können, sollten Sie sie kurz überbrühen. Dann lässt sich die Haut leicht abziehen. Das Fruchtfleisch wird in mundgerechte Stücke geschnitten und in den Rumtopf gegeben. Pflaumen und Mirabellen werden entsteint und halbiert. Zuletzt können Sie nach Wunsch noch Birnenstücke hinzufügen. Die Früchte dürfen aber auf keinen Fall weich, sondern müssen fest und saftig, dabei aber nicht zu hart sein.

Haben Sie im Oktober die letzten Früchte in den Rumtopf gegeben, muss dieser noch vier bis sechs Wochen stehen bleiben, bevor Sie die erste Kostprobe machen dürfen. Genau das Richtige für kalte Winterabende in der Vorweihnachtszeit!

Früchte und Flüssigkeit sollten Sie immer nur mit völlig sauberen Geräten entnehmen, damit keine Verunreinigungen eingeschleppt werden, die zu einem Verderben führen könnten. Anschließend wird der Rumtopf immer wieder verschlossen und kühl aufbewahrt.

Übrigens können Sie bei der Wahl der Früchte Ihrer Fantasie und Ihrem eigenen Geschmack freien Lauf lassen. So lässt sich zum Beispiel auch ein Rumtopf nur mit exotischen Früchten wie Ananas, Kiwi, Litschi und Mango ansetzen.

Die aromatische Flüssigkeit, in der die Früchte eingelegt sind, wird immer mitverzehrt. Wegen des in den Früchten befindlichen Alkohols und des zugesetzten Zuckers sind auf diese Art haltbar gemachte Früchte zwar überaus lecker, aber auch regelrechte Kalorienbomben.

Erdbeeren in Sherry

1 kg Erdbeeren
500 g Zucker
0,7 l Cream Sherry
0,1 l 54-prozentiger Rum

- Die Erdbeeren waschen, abtrocknen und entkelchen. Die Früchte mit dem Zucker in vorbereitete Gläser schichten. Den Rum darüber gießen und mit dem Sherry auffüllen. Dicht verschließen und mindestens zwei Wochen durchziehen lassen.
- Kühl und dunkel aufbewahren. Innerhalb von drei Monaten verzehren, da der Alkoholgehalt nicht so hoch ist.

Tipp: Wer eine längere Haltbarkeit erzielen möchte, kann mehr von dem hochprozentigen Rum zufügen.

Einlegen in Essig

Unabhängig davon, ob Sie sauer oder süß-sauer einlegen, erfolgt die praktische Durchführung immer nach demselben Prinzip. Jegliches Einmachgut muss natürlich von einwandfreier Qualität und entsprechend gewaschen, geputzt und vorbereitet sein.

Kleinere Gurken, Bohnen, Maiskölbchen, kleine Zwiebeln und Pilze werden im Ganzen eingelegt. Größere Gurken, Zucchini und Paprika werden in Scheiben oder Stücke geschnitten. Blumenkohl und Brokkoli teilt man in einzelne Röschen. Von Kürbissen wird nur das feste Fruchtfleisch, in Stücke geschnitten, verwendet. Hart gekochte Eier werden gepellt. Kernobst

Weniger saures Gemüse

Sauergemüse lässt sich auch in verdünntem Essigsud einlegen (Essig zu Wasser im Verhältnis 1:1 oder 1:2 gemischt), wenn Sie weniger säurehaltige Ware bevorzugen. Dann sollten die Gläser allerdings anschließend eingekocht werden, damit die Haltbarkeit gewährleistet ist. Sie werden im Einkochtopf bei 90 °C für 30 Minuten sterilisiert.

wird geschält, vom Kerngehäuse befreit und in Stücke geschnitten. Beeren werden im Ganzen eingelegt. Kirschen und Pflaumen werden nicht entsteint. Pflaumen sticht man mit einem Zahnstocher rundherum ein, damit der Essig besser eindringen kann. Aprikosen und Pfirsiche werden entsteint, gehäutet und in Spalten geschnitten.

Beim Einlegen in Essig unterscheidet man grundsätzlich zwei Methoden.

Bei der ersten Methode wird das Einlegegut gleich im Essigsud mitgekocht. Nach kurzer Kochzeit seihen Sie es dann ab und schichten es in die vorgesehenen Gefäße. Der Essigsud wird dann nochmals aufgekocht und etwas eingedickt. Anschließend füllen Sie die Gläser randvoll auf und verschließen sie sofort. Diese Methode empfiehlt sich für feste Gemüsearten wie Brokkoli, Blumenkohl, Maiskölbchen und Kürbis. Sie sollten im Essigsud nur so lange gekocht werden, dass sie noch bissfest sind.

Bei der zweiten Methode schichten Sie das Einlegegut roh in die Gefäße

Für Senfgurken werden die Salatgurken geschält und die Kerne entfernt.

und übergießen es mit dem heißen Essigsud. Mit dieser Methode können Sie Obst, hart gekochte Eier und nicht zu harte Gemüsearten wie Gurken, Paprika, Bohnen oder Pilze einlegen.

Bei beiden Methoden empfiehlt es sich, nach einem oder zwei Tagen den Sud nochmals abzugießen, ihn erneut aufzukochen, eindicken zu lassen und dann abgekühlt wieder in die Gefäße zu füllen.

Dieses nochmalige Aufkochen entfällt, wenn man die verschlossenen Gläser zusätzlich sterilisiert. Dann sind die eingelegten Lebensmittel nicht nur sechs bis zwölf Monate, sondern jahrelang haltbar. Die Einkochzeiten und -temperaturen entsprechen den im Kapitel „Einkochen" (siehe Seiten 92 und 93) angegebenen Werten.

Die Grundsubstanz für den Sud ist 5-prozentiger Essig. Durch Zusatz von

Kräutern, Gewürzen oder Zucker können Sie bestimmte Geschmacksrichtungen erreichen. Beim süß-sauer Einlegen rechnet man 500 g Einmachzucker auf 1 Liter Essig. Wer es weniger süß mag, kann die Zuckermenge auch reduzieren.

Zum Verfeinern und Würzen von sauer und süß-sauer Eingelegtem kommen zahlreiche Zutaten infrage:

- Salz
- Senf- und Pfefferkörner
- Wacholderbeeren
- Koriander, Piment, Fenchelsamen
- Nelken
- Frische Kräuter (am besten am Zweig)
- Lorbeerblätter
- Zwiebeln, Schalotten, Knoblauch
- Chilischoten
- Meerrettichwurzel
- Ingwer

Die entsprechenden Gewürze und Kräuter werden mit dem Sud aufgekocht oder zusammen mit dem Einlegegut überbrüht.

Gewürzgurken

2 kg kleine Einlegegurken
1,5 l Weißweinessig
4–5 Zwiebeln
2 EL Salz
2 EL Zucker
1 Stück Meerrettichwurzel
2 EL Senfkörner
2 EL weiße Pfefferkörner
1 TL Wacholderbeeren
4 Lorbeerblätter

- Die Gurken unter fließendem Wasser sauber bürsten. Die Zwiebeln schälen und in nicht zu kleine Spalten schneiden.
- Den Meerrettich schälen und in kleine Stücke schneiden. Den Essig mit dem Salz und dem Zucker aufkochen.
- Gurken und alle anderen Zutaten gleichmäßig verteilt in vorbereitete, saubere Gläser dicht einschichten.
- Den heißen Essigsud darüber gießen und Gefäße verschließen.
- Nach zwei Tagen den Sud noch einmal abgießen, aufkochen und erneut heiß über die Gurken geben.
- Gläser dicht verschließen und mindestens vier Wochen an einem kühlen, dunklen Ort durchziehen lassen.

Gurken-Rezeptvariationen

Rezepte für eingelegte Gurken lassen sich in vielfältiger Weise abwandeln:

Senfgurken: Salat- oder Schlangengurken werden geschält, die Kerne werden entfernt und das restliche Fruchtfleisch in nicht zu kleine Stücke geschnitten. Vor dem Einlegen werden sie gesalzen und über Nacht stehen gelassen. Dann werden die Stücke abgetrocknet und zusammen mit Zwiebeln und Senfkörnern in Essigsud eingelegt.

Dillgurken: Ungeschälte Gurkenscheiben werden mit Zwiebeln, Pfefferkörnern und viel frischem Dill in Essigsud eingelegt.

Süß-saure Gurken: Hierzu wird einfach der Essigsud mit mehr Zucker zubereitet.

Teufelsgurken: Außer den üblichen Gewürzen werden noch getrocknete Chilischoten zugefügt. Sie verleihen den Gurken eine pikante Schärfe.

Eingelegte Eier

10 hart gekochte Eier
0,5 l Weinessig
2 Zwiebeln
2 Knoblauchzehen
1 TL Korianderkörner
1 EL Senfkörner
1 EL schwarze Pfefferkörner
1 EL Wacholderbeeren
30 g Salz

- Hart gekochte Eier abpellen.
- Zwiebeln schälen und in Ringe schneiden. Knoblauchzehen schälen.
- Den Essig aufkochen und mit den Gewürzen, dem Knoblauch und den Zwiebeln 10 bis 15 Minuten ziehen lassen.
- Die Eier in ein Glas schichten und mit dem Sud übergießen.
- Dicht verschließen und mindestens eine Woche durchziehen lassen.
- Die Eier sind vier Wochen haltbar.

Tipp: Sie können das Rezept auch abwandeln, indem Sie die Hälfte des Essigs durch Rotwein ersetzen und zusätzlich mit Zucker süß-sauer abschmecken. In dieser Variante brauchen die Eier nur zwei bis drei Tage durchzuziehen, sind aber auch nicht so lange haltbar.

Mixed Pickles

Die Zusammenstellung der Gemüsearten und die jeweiligen Mengenanteile können Sie je nach Geschmack variieren.

Etwa 2 kg gemischtes Gemüse wie Blumenkohl, Möhren, junge grüne Bohnen, kleine Schalotten, kleine Gurken (Cornichons), Gemüsepaprika, junge Maiskölbchen
0,75 l Weinessig
100 g Zucker
50 g Salz
Pfefferkörner
Lorbeerblatt

- Das Gemüse putzen und küchenfertig vorbereiten: Den Blumenkohl in kleine Röschen teilen, Möhren und Paprika in nicht zu kleine Stücke schneiden.
- Aus dem Essig und den Zutaten einen Sud zubereiten und bis auf die Gürkchen das Gemüse darin bissfest garen.
- Anschließend das Gemüse zusammen mit den Gürkchen in vorbereitete Gläser schichten.
- Den Sud abseihen, nochmals aufkochen und heiß in die Gläser füllen. Das Gemüse muss vollständig bedeckt sein. Sofort verschließen.
- Am nächsten Tag den Sud nochmals abgießen, aufkochen und die Gläser damit wieder auffüllen.
- Dicht verschließen und vor dem Verzehr mindestens vier Wochen durchziehen lassen.

Kürbis süß-sauer

2 kg Kürbisfruchtfleisch
0,5 l Weinessig
0,5 l Wasser
1 kg Einmachzucker
1 Stück frischer Ingwer
1 Stange Zimt
5 Gewürznelken
Saft und Schale einer Zitrone

- Das Kürbisfruchtfleisch in mundgerechte Würfel schneiden.
- Den Essig mit dem Wasser aufkochen, über die Kürbiswürfel geben und 12 Stunden ziehen lassen.
- Dann den Sud abgießen und mit dem Einmachzucker und den Gewürzen aufkochen.
- Das Fruchtfleisch dazugeben und so lange kochen, bis es glasig wird.
- Die Kürbiswürfel mit einem Schaumlöffel herausnehmen und in vorbereitete Gläser schichten.
- Den Sud noch etwas einkochen, bis er dickflüssig wird. Durch ein Sieb gießen und ohne die Gewürze über die Kürbiswürfel geben. Die Gläser verschließen.
- Nach zwei Tagen den Sud abgießen, nochmals aufkochen, heiß über die Kürbiswürfel geben und die Gläser sofort dicht verschließen.
- Wird das Kürbiskompott zusätzlich noch sterilisiert, ist es jahrelang haltbar; ohne Einkochen hält es etwa zwölf Monate.

Heidelbeeren süß-sauer

1 kg Heidelbeeren
0,5 l Rotweinessig
400 g brauner Zucker
1 Stück Ingwer
1/2 Zimtstange
4 Gewürznelken

Rechte Seite:
Die klassische Art Kürbis haltbar zu machen: Kürbis süß-sauer

- Die Heidelbeeren verlesen, waschen, abtropfen lassen und in saubere, vorbereitete Gläser füllen.
- Den Essig mit dem Zucker und den Gewürzen aufkochen und etwa 10 Minuten köcheln lassen.
- Den Sud ohne die Gewürze heiß über die Heidelbeeren geben.
- Gläser sofort verschließen und vor dem Verzehr mindestens zwei Wochen durchziehen lassen.

Tipp: Das Rezept lässt sich in ähnlicher Form für Brombeeren, Kirschen und Pflaumen anwenden. Solche Beerenfrüchte in Essig passen gut zu dunklem Fleisch. Bei hellen Obstarten verwendet man Weißweinessig. Bei Früchten mit weniger Eigensüße sollte der Zuckeranteil erhöht werden. Essigfrüchte sind vier bis sechs Monate haltbar, sterilisiert man sie zusätzlich, halten sie mindestens ein bis zwei Jahre.

Eingelegte Birnen

1 kg Birnen
1/8 l Weißwein
3/8 l Weißweinessig
250 g Einmachzucker
4 Gewürznelken
1 Zimtstange
1 etwa kirschgroßes Stück frischer Ingwer

- Die Birnen schälen, halbieren und das Kerngehäuse ausschneiden. Weißwein, Essig und Zucker zusammen mit den Gewürzen aufkochen. Die Birnen darin in etwa 10 Minuten gar dünsten.
- Anschließend in vorbereitete Gläser schichten und mit der Flüssigkeit auffüllen.

- Am nächsten Tag die Flüssigkeit nochmals aufkochen und erneut über die Birnen geben. In dicht verschlossenen Gläsern halten sich die Birnen etwa sechs Monate.

Was tun mit grünen Tomaten?
Für viele Hobbygärtner stellt sich am Ende des Sommers die Frage, was mit den Tomaten, die noch grün an der Pflanze hängen, am besten zu tun ist. Grundsätzlich können Sie Tomaten an einem dunklen Ort bei Zimmertemperatur nachreifen lassen, wobei sie so natürlich nicht das Aroma von sonnengereiften Tomaten erreichen. Eine andere Möglichkeit ist die Verwertung der grünen Früchte. Sie können sie zu Konfitüre verarbeiten (siehe Seite 101) süß-sauer einlegen oder einer Milchsäuregärung unterziehen. Auch gibt es Rezepte, in denen frische grüne Tomaten gebraten verzehrt werden. Bei all diesen Zubereitungsmethoden sollten Sie allerdings beachten, dass grüne Tomaten als Früchte eines Nachtschattengewächses eine große Menge Solanin enthalten können. Man hat Werte bis zu 30 mg pro 100 g Früchte gemessen. Sobald die Konzentration 20 mg pro 100 g Frischsubstanz überschreitet, gilt Solanin als gesundheitsschädigend. Mit zunehmender Reife nimmt der Solaningehalt ab.

Leider lässt sich das Solanin nicht ohne Weiteres durch Verarbeitung oder Kochen aus den Früchten entfernen. Daher sollten Sie nicht zu viele von diesen Früchten verzehren beziehungsweise sich für eine Verarbeitungsmethode entscheiden, bei der der Solaningehalt im Endprodukt deutlich reduziert wird.

Bei der Zubereitung von Konfitüre wird er aufgrund des Verdünnungseffektes durch die Zugabe anderer Zutaten um etwa ein Drittel reduziert. Auch beim milchsauer Einlegen wurde eine ähnlich hohe Reduzierung des Soaningehaltes gemessen. Beim süßsauer Einlegen sinkt die Konzentration aber nur um etwa 10 Prozent. Daher sollten Sie besonders bei süß-sauer eingelegten Tomaten darauf achten, nicht zu viele auf einmal zu verzehren.

Grüne Tomaten in Läuterzucker

1 kg grüne, feste Tomaten
1/2 l Essig
1/4 l Wasser
Läuterzucker aus 500 g Zucker und
    1/2 l Wasser
1 Stück frischer Ingwer
Gewürze wie Zimtstangen oder Senfkörner
    nach Geschmack

- Die Tomaten waschen, abtrocknen und mit einem Zahnstocher rundherum anstechen. Den Essig mit dem Wasser aufkochen und die Tomaten darin kochen, bis sie sich weich anfühlen. In ein Sieb schütten und gut abtropfen lassen.
- Den Zucker mit 1/2 l Wasser aufkochen und eventuell entstehenden Schaum abnehmen. Die Tomaten in der Zuckerlösung mit dem Ingwer und eventuell den Gewürzen kochen, bis sie glasig sind.
- Den Ingwer herausnehmen und die Tomaten mit der Zuckerlösung heiß in vorbereitete Gläser füllen. Bei 75°C für etwa 20 bis 25 Minuten sterilisieren.

Grüne Tomaten sollten Sie nicht wegwerfen, sondern köstliche Dinge daraus zaubern!

Tipp: Die Tomaten sind eine köstliche Beilage zu pikanten Fleischgerichten.

Einlegen in Öl

Das Einlegen in Öl kann besonders in südlichen Ländern auf eine lange Tradition zurückblicken, da hier hochwertiges Olivenöl schon von jeher in großen Mengen verfügbar war und bis heute ein wichtiges und vielseitiges Grundnahrungsmittel ist.

Durch das Einlegen wird verhindert, dass Luftsauerstoff an die Lebensmittel gelangt. Somit können sich die Mikroorganismen nicht weitervermehren, werden aber auch nicht abgetötet. Deshalb sind in Öl eingelegte Nahrungsmittel nicht so lange haltbar wie anderweitig konservierte und sollten im Kühlschrank gelagert werden. Es empfiehlt sich, sie innerhalb von drei

Qualität von Olivenöl

Olivenöl wird in mehrere Qualitätsstufen eingeteilt. Die folgende Auflistung entspricht der Qualitätsabstufung durch das Internationale Olivenölkonzil. Grundsätzlich ist das Öl umso hochwertiger, je geringer der Säuregrad ist.

– Extra natives Olivenöl mit einem Säuregehalt von unter 1 Prozent stammt von der Erstpressung der Oliven (der eigentliche Saft der Oliven) und ist absolute Spitzenqualität. Manchmal bekommt man sogar Öl mit einem Säuregrad unter 0,5 Prozent.

– Feines natives Olivenöl hat einen Säuregrad von unter 1,5 Prozent und ist perfekt in Geschmack und Geruch.

– Semi-feines Olivenöl hat einen Säuregrad von höchstens 3 Prozent und besitzt einen guten Geschmack und Geruch.

– Olivenöl besteht aus einer Mischung aus raffiniertem (gereinigtem) und purem Olivenöl.

– Raffiniertes Olivenöl wird aus purem Olivenöl durch Raffinierung gewonnen.

Vitamine können ins Öl übergehen. Daher sollten Sie das Öl immer mit verwerten.

Die Glasgefäße mit den in Öl eingelegten Lebensmitteln sollten dunkel und kühl aufbewahrt werden, denn Licht und Wärme beschleunigen das Verderben des Öls.

Gemüse in Öl

Besonders zu mediterranen Vorspeiseplatten gehört in Öl eingelegtes Gemüse. Geeignet sind Auberginen, Zucchini, Paprika, Tomaten und Blumenkohl. Tomaten werden zuvor halbiert und getrocknet. Die anderen Gemüsearten werden gewaschen und geputzt. Auberginen und Zucchini schneidet man in Scheiben. Paprika werden halbiert oder geviertelt. Blumenkohl wird in Röschen zerteilt. Dann wird das Gemüse in einem Gemisch aus Essig und Wasser zu gleichen Teilen bissfest gegart. Anschließend lässt man es abtropfen und abkühlen, tupft es vorsichtig trocken und schichtet es in vorbereitete, saubere Gefäße. Nach Geschmack können Sie frische Kräuter, Knoblauch, Zwiebel, Pfefferkörner oder Chilischoten dazugeben. Dann füllt man mit Öl auf, so dass alles mindestens fingerdick bedeckt ist, und verschließt das Gefäß luftdicht. Bei dunkler, kühler Lagerung ist das Gemüse drei bis sechs Monate haltbar.

bis sechs Monaten zu verzehren. Wenn Sie Gemüse oder Pilze vorher garen, werden die in ihnen enthaltenen Mikroorganismen abgetötet, wodurch die Haltbarkeit verlängert wird.

Wertvolle Inhaltsstoffe bleiben in den eingelegten Lebensmitteln weitgehend erhalten. Nur die fettlöslichen

Rechte Seite:
Käse und Knoblauch in Öl sind zwar nur begrenzt haltbar, aber eine besondere Spezialität.

Käse in Öl

Sie können verschiedene Käsesorten in Öl einlegen. Klassiker sind Ziegen- oder Schafskäse sowie der aus Kuh- milch hergestellte Feta. Man kann aber auch Brie oder Camembert (hier muss zuvor der weiße Edelschimmel entfernt werden), jungen Gouda oder Emmentaler verwenden.

Der Käse wird in kleine, mundge- rechte Würfel geschnitten. Dann wer- den die Würfel in einer beliebigen Kräutermischung (zum Beispiel Kräuter der Provence) gewendet, so dass sie rundum „paniert" sind. Schichten Sie die Würfel nun zusammen mit einigen Zweigen frischer Kräuter, Pfefferkör- nern, frischem Knoblauch und einer Chilischote in ein vorbereitetes saube- res Glas. Dann füllen Sie vorsichtig mit Öl auf, bis alles gut bedeckt ist. Die verschlossenen Gläser müssen im Kühlschrank aufbewahrt werden. Vor dem Verzehr sollten Sie den eingeleg- ten Käse mindestens eine Woche durchziehen lassen.

Kräuter in Öl

Alle frischen Kräuter sind hierfür ge- eignet. Bevor Sie sie in Öl einlegen, sollten Sie sie ein bis zwei Tage an- trocknen. Dadurch verlängert sich die Haltbarkeit. Die ganzen Zweige oder die abgestreiften Blättchen werden in ein Gefäß bis 2 cm unter den Rand eingeschichtet. Dann füllt man rand- voll mit Öl auf und verschließt das Ge- fäß luftdicht. Die Kräuter können Sie dann wie frische Ware zusammen mit dem Öl verwenden, da viele Aroma- stoffe ja auch in das Öl übergehen.

Kräuterpaste in Öl

100 g frische gehackte Kräuter mit 10 g Salz vermischen und in ein pas- sendes Gefäß füllen. Dann mit Oli- venöl aufgießen, so dass die Kräuter- mischung mindestens 2 cm hoch mit dem Öl bedeckt ist. Bei kühler Lage- rung ist die Kräuterpaste bis zu sechs Monate haltbar und passt besonders gut zu Nudelgerichten und zu Salaten

Pilze in Öl

Zum Einlegen in Öl sollten Sie nur junge, feste Pilze verwenden. Die Pilze werden geputzt. Kleinere werden ganz belassen, größere in Scheiben ge- schnitten oder halbiert. Dann kocht man sie in einem Sud aus Weißwein- essig und Weißwein zu gleichen Teilen auf. Den Sud können Sie nach Ge- schmack würzen, zum Beispiel mit Rosmarin, Lorbeerblatt, Knoblauch, Thymian, Salbei, Chilischoten, Pfeffer- körnern und Salz.

Die Pilze werden etwa 5 Minuten gegart. Sie dürfen nicht zu weich wer- den. Anschließend schütten Sie sie in ein Sieb, lassen sie auskühlen und tup- fen sie vorsichtig trocken. Füllen Sie dann die Pilze in Gläser und geben Sie Kräuter und Gewürze nach Ge- schmack hinzu. Anschließend füllen Sie mit Öl auf, bis alles gut bedeckt ist. Die verschlossenen Gläser sind bei kühler Lagerung bis zu sechs Monate haltbar.

Rechte Seite:
Das gesunde Sauerkraut lässt sich problem- los selber herstellen.

Milchsauer Einlegen

Eine sehr alte, aber wirkungsvolle Methode, um Gemüse zu konservieren und auch gleichzeitig seinen gesundheitlichen Wert zu erhöhen, ist das milchsauer Einlegen. Schon lange bevor die Menschen von der Existenz der Mikroorganismen wussten, hatten sie herausgefunden, dass sich manche Lebensmittel durch spontane Gärung verändern und somit ein Milieu schaffen, dass Fäulnis verhindert und eine konservierende Wirkung hat. Wie der Name vermuten lässt, sind Milchsäurebakterien vorwiegend an der Erzeugung milchsaurer Produkte wie Jogurt oder Kefir beteiligt. Sie können aber durch die Milchsäuregärung auch verschiedene pflanzliche Rohstoffe verändern. Hierbei werden Kohlenhydrate (Zucker) in Milchsäure umgewandelt. Am besten läuft der Vorgang bei Temperaturen zwischen 20 und 24 °C und unter Sauerstoffabschluss statt. Dieser Gärvorgang wird auch als Fermentation bezeichnet.

Durch die Fermentation entsteht nicht nur Milchsäure, die für die konservierende Wirkung verantwortlich

ist, sondern es werden zusätzlich wertvolle Substanzen gebildet, die den Gesundheitswert des Gärgemüses erheblich steigern. So entstehen verschiedene für den menschlichen Stoffwechsel wichtige Enzyme, Vitamin C und in geringen Mengen sogar Vitamin B12. Letzteres kommt normalerweise nur in tierischen Lebensmitteln vor. Daher sind Sauerkraut und anderes Gärgemüse besonders für Veganer, die ja überhaupt keine tierischen Erzeugnisse verzehren, unentbehrlich, um einem Vitamin B12-Mangel vorzubeugen.

Schon im 18. Jahrhundert war man sich des gesundheitlichen Wertes von Sauerkraut bewusst. Auf lange Seereisen wurde fässerweise Sauerkraut mitgenommen, um einem Vitamin C-Mangel und somit dem gefürchteten Skorbut vorzubeugen.

Da fermentierte Lebensmittel zunächst nicht erhitzt werden, bleiben alle wertvollen Inhaltsstoffe weitgehend erhalten und werden durch die Fermentation kaum verändert. Auch die Milchsäure an sich wirkt sich positiv auf den Organismus aus. Sie wird leicht aufgenommen und in den Stoffwechsel eingebaut. Die gesundheitliche Wirkung reicht aber noch weiter. Die Milchsäurebakterien verdrängen nämlich im Verdauungstrakt pathogene Keime (Krankheitserreger) und fördern eine gesunde Darmflora. Hierdurch beugen sie Verstopfung vor und wirken darmreinigend. Außerdem sorgen sie dafür, dass Eisen vom Körper besser aufgenommen und verwertet werden kann. Ob Milchsaures aber tatsächlich vor Dickdarmkrebs schützt, wie angenommen, ist nicht erwiesen.

Material und Geräte

- Messer und Hobel zum Putzen und Zerkleinern des Gemüses
- Gärtopf und Holzstampfer
- Teller zum Abdecken und Stein zum Beschweren
- Molke als Starterkultur
- Salz
- evtl. Gewürze nach Geschmack

Es soll aber die Zellatmung unterstützen und eine positive Wirkung bei Krebs begleitenden Therapien zeigen.

Welches Gemüse eignet sich zum milchsauer Einlegen?

Am bekanntesten ist das aus Weißkohl durch Milchsäuregärung entstehende Sauerkraut. Aber auch alle anderen Kohlsorten sowie Auberginen, Artischocken, Blumenkohl, Brokkoli, Bohnen, Möhren, Rote Bete, Zwiebeln, Lauch, Gurken, Zucchini, Kürbis, Rettich, Kohlrabi, Sellerie, Pastinaken, Paprika, Tomaten und Pilze eignen sich für diese Konservierungsmethode. Gemüse mit einer festeren Struktur ist allerdings grundsätzlich besser geeignet als weichere Gemüsearten mit hohem Wassergehalt.

Praktische Durchführung

Wenn Sie Gemüse in größeren Mengen milchsauer einlegen möchten, sollten Sie sich auf jeden Fall einen speziellen Gärtopf anschaffen. Dieser

Topf aus Steingut ist mit einer schad-
stofffreien Glasur überzogen, damit er
keinen Fremdgeschmack annimmt und
leicht zu reinigen ist. An der Öffnung
besitzt er eine Rinne, die mit Wasser
gefüllt wird, bevor man den Deckel
aufsetzt. Auf diese Weise ist gewährleistet, dass keine Luft in das Gefäß
gelangt. Zu dem Topf gehören auch
Beschwerungssteine, die auf das Gärgut aufgelegt werden.

Möchten Sie nur kleinere Mengen
milchsauer einlegen, können Sie als
Gefäße auch Gläser mit 1 Liter Fassungsvermögen verwenden, die sich
mit einem Schraubdeckel oder einem
Deckel mit Gummiring und Metall-
klammer fest verschließen lassen.

Das Gemüse wird gewaschen, geputzt und fein gehobelt oder in feine
Scheiben geschnitten, je nach Art.
Festes Gemüse wie Kohl, Rote Bete
oder Wurzelgemüse wird zusammen
mit Salz, Gewürzen und Kräutern nach
Geschmack in den Topf geschichtet
und so lange gestampft, bis Flüssigkeit
austritt. Das Salz ist wichtig, damit das
Gemüse nicht verdirbt, solange nicht
genügend Milchsäure gebildet wurde,
die schließlich die konservierende Wirkung erzielt. Der Salzzusatz sollte zwischen 0,8 und 1,5 Gewichtsprozent
von dem Gärgut betragen (also 8 bis
15 g pro kg Gemüse). Wird zu wenig
Salz zugesetzt, gewinnen die Hefen
die Oberhand und es kommt zu einer
alkoholischen Gärung, die schließlich
zur Fäulnis des Gärgutes führt.

*Der Weißkohl wird fein gehobelt und nach
dem Einfüllen kräftig gestampft.*

65

Alle anderen Gemüsearten sowie Pilze, die wesentlich empfindlicher sind, werden nicht gestampft, weil sie sonst matschig werden. Sie werden mit einer Salzlake eingelegt. Hierfür rechnet man 15 g Salz auf 1 Liter Wasser.

Bei beiden Methoden muss das Gärgut immer vollständig mit Flüssigkeit bedeckt sein. Gegebenenfalls füllt man bei dem gestampften Gemüse auch mit Salzlake auf.

In der Regel kommt es ohne weitere Zusätze zu einer Spontangärung. Um aber ein besseres und schnelleres Ergebnis zu erzielen, empfiehlt sich das Zusetzen einer Starterkultur. Hierfür

Gärgemüse ist gesund!

– Milchsäurebakterien bilden antimikrobielle Substanzen, die zusammen mit der Milchsäure das Wachstum von schädlichen Keimen unterdrücken.
– Unerwünschte Pflanzeninhaltsstoffe werden reduziert.
– Gärgemüse hat einen höheren Gehalt an Vitaminen und Mineralstoffen als unfermentiertes Gemüse.
– Es ist kalorienarm und ballaststoffreich.
– Milchsauer Eingelegtes fördert die Verdauung und beugt Verstopfung vor.
– Vitamin B12 und C werden gebildet, außerdem erhöht sich der Gehalt an verschiedenen Mineralstoffen.

eignet sich Molke, die Sie frisch im Reformhaus erhalten oder aus Molkepulver anrühren können, oder ein Teil der alten Gärflüssigkeit, wenn Sie zuvor schon anderes Gemüse milchsauer eingelegt haben.

Die Oberfläche wird nun mit einem Teller abgedeckt und mit den Steinen beschwert. Das Gefäß wird bei Zimmertemperatur aufbewahrt, bis nach etwa zehn bis 14 Tagen kein Blubbern mehr zu hören ist. Anschließend stellen Sie den Topf an einen kühlen Ort, am besten in den Keller. Nach weiteren vier bis acht Wochen (je nach Menge) ist die Gärung vollständig abgeschlossen und das Gemüse verzehrfertig.

Die Entnahme sollte immer mit völlig sauberen Geräten erfolgen, damit nicht unnötig Keime eingeschleppt werden. Nach der Entnahme wird das Gefäß sofort wieder verschlossen.

Festes Gemüse milchsauer einlegen

Nach dem folgenden Grundrezept lassen sich feste Gemüsearten wie Rote Bete, Rettiche, Möhren, Pastinaken, Kohlrabi, verschiedene Kohlarten oder Sellerie milchsauer einlegen, wobei Sie die Gewürze an die jeweilige Gemüseart und Ihren persönlichen Geschmack anpassen können. So eignen sich zum Würzen geriebener Meerrettich, Gewürznelken, Kümmel, Senfkörner, Koriander, Knoblauch oder Lorbeerblätter.

Grundrezept für festes Gemüse

Zutaten für ein 1-Liter-Glas:
700 g geputztes Gemüse
2 TL Salz

2 EL Zucker
1 klein gehackte Zwiebel
1–2 TL Gewürze nach Geschmack
etwa 100–200 ml Molke, frisch oder aus
  Molkepulver (Reformhaus)

- Das Gemüse in feine Scheiben schneiden, Kohl fein hobeln.
- Zusammen mit den anderen Zutaten in einer Schüssel stampfen, bis Saft austritt.
- In ein Glas füllen, das dicht verschlossen werden kann; es muss nicht ganz voll werden. Der Saft muss das Gemüse bedecken; gegebenenfalls mit Salzlake (2 TL Salz auf 0,5 l Wasser) ergänzen.
- Das Glas mit Molke auffüllen. Dicht verschließen und zunächst eine Woche lang an einen dunklen, warmen Ort stellen.
- Danach im Keller aufbewahren.
- Nach vier Wochen ist das Gemüse verzehrfertig.

Nach diesem Grundrezept wird auch Sauerkraut hergestellt, wobei sich besonders bei Weißkohl und Rotkohl die Zubereitung größerer Mengen lohnt: Schon bedingt durch die Größe der Kohlköpfe ist der klassische Gärtopf mit 10 Liter Fassungsvermögen schnell gefüllt und zur Erntesaison ist dieses Gemüse sehr preisgünstig erhältlich.

Partysuppe

2 große Zwiebeln
500 g gemischtes Hackfleisch
250 g Sauerkraut
2 Gewürzgurken
1/4 l Tomatensaft
200 g Tomatenmark

2 l Fleischbrühe
Öl zum Anbraten
Salz, Pfeffer
Paprikapulver scharf und süß
Tabasco
Petersilie zum Garnieren

- Die Zwiebeln schälen, fein würfeln und in Öl andünsten. Das Hackfleisch dazugeben und rühren, bis es beginnt krümelig zu werden.
- Das Sauerkraut klein schneiden und zusammen mit den gewürfelten Gewürzgurken zum Hackfleisch geben.
- Mit Tomatensaft, Tomatenmark und Fleischbrühe auffüllen und unter Rühren aufkochen. Mit den Gewürzen abschmecken. Mit gehackter Petersilie bestreut servieren.

Tipp: Diese Suppe lässt sich gut vorbereiten und während einer langen Partynacht warm halten, so dass sie auch noch zu späterer Stunde eine willkommene Stärkung ist. Wer mag, kann die Suppe mit einem Tupfer Schlagsahne servieren.

Empfindliches Gemüse milchsauer einlegen

Nach dem Grundrezept lassen sich empfindlichere Gemüsearten wie Paprika, Bohnen, Gurken, Zucchini, Kürbis, Tomaten, Lauch, Auberginen, Artischockenböden, Brokkoli, Blumenkohl sowie Pilze milchsauer einlegen. Hierbei werden die Gewürze, die Sie passend zum Gemüse und je nach Geschmack wählen können mit dem Gemüse in das Gefäß geschichtet.

Milchsaure Bohnen können ebenfalls im klassischen Sauerkrauttopf hergestellt werden.

Grundrezept für empfindliches Gemüse

Zutaten für ein 1-Liter-Glas:
700 g geputztes Gemüse
0,5 l Wasser
2 TL Salz
2 EL Zucker
1 klein gehackte Zwiebel
1–2 TL Gewürze nach Geschmack
etwa 100–200 ml Molke, frisch oder aus
  Molkepulver (Reformhaus)

- Das Gemüse in feine Scheiben oder kleine Stücke schneiden.
- Das Wasser mit dem Salz und dem Zucker aufkochen, anschließend abkühlen lassen.
- Das Gemüse mit den Gewürzen in ein Glas schichten, das dicht verschlossen werden kann; es muss nicht ganz voll sein. Die Lake über das Gemüse geben, so dass es vollständig bedeckt ist.
- Das Glas mit Molke auffüllen.

Milchsaure Bohnen

Beim milchsauer Einlegen von Bohnen sollten diese zuvor 5 Minuten blanchiert werden, um das in den rohen Bohnen enthaltene giftige Phasin zu zerstören.

Dicht verschließen und zunächst eine Woche lang an einen dunklen, warmen Ort stellen.
Danach im Keller aufbewahren.
Nach vier Wochen ist das Gemüse verzehrfertig.

Tipp: Sauergemüse kann pur als Salat oder als Warmgemüse verzehrt werden. Je nach Geschmack lässt es sich mit weiteren Gewürzen oder Essig und Öl verfeinern.

Kartoffelsalat mit milchsauer eingelegten Bohnen

500 g fest kochende Kartoffeln
1 große Zwiebel
250 g milchsauer eingelegte grüne Bohnen
Für das Dressing:
3 EL der Bohnenflüssigkeit
3 EL Olivenöl
1 EL Senf
1 Knoblauchzehe
Kräutersalz, frisch gemahlener Pfeffer
1 Becher Jogurt
2 EL Schnittlauchröllchen

- Kartoffeln in der Schale kochen und noch heiß schälen. Noch warm in dünne Scheiben schneiden.
- Die Zwiebel schälen, fein würfeln und zu den Kartoffeln geben. Die Bohnen in nicht zu kleine Stücke schneiden und ebenfalls zufügen.
- Aus den restlichen Zutaten ein Dressing zubereiten und gut mit den anderen Zutaten vermischen. Vor dem Servieren etwas durchziehen lassen und noch einmal mit Salz und Pfeffer abschmecken.

Einkochen

Im Gegensatz zu Konservierungsverfahren wie Dörren oder Einlegen ist das Haltbarmachen durch Erhitzen erst in der neueren Zeit entwickelt worden. Obwohl schon im 17. und 18. Jahrhundert einige Verfahren zur Hitzekonservierung bekannt waren, hat man das Prinzip dieser Methode erst im 19. Jahrhundert richtig verstanden, als Louis Pasteur erkannte, dass Mikroorganismen in der Lage sind, die Beschaffenheit von Stoffen zu verändern und dass sie durch Erhitzen abgetötet werden können. 1865 konnte er experimentell Mikroorganismen als Ursache für Gärung und Fäulnis nachweisen. Nach ihm wurde auch die Methode des Pasteurisierens benannt.

Als **Pasteurisieren** werden zwei Verfahren zum Haltbarmachen hitzeempfindlicher, flüssiger Lebensmittel durch schonendes Erhitzen auf Temperaturen unter 100 °C bezeichnet. Hierbei werden nur vegetative Zellen und Krankheitskeime abgetötet, aber nicht Bakteriensporen (Dauerformen der Bakterien). Die Hocherhitzung erfolgt für 2 bis 5 Sekunden auf 85 bis 87 °C. Die Kurzzeiterhitzung dauert 15 bis 20 Sekunden bei 71,5 bis 74 °C.

Als **Sterilisation** wird die Abtötung aller Mikroorganismen einschließlich

er Bakteriensporen bezeichnet. Dies
ann durch verschiedene physikalische
nd chemische Methoden erfolgen.
as Sterilisieren beim Einkochen er-
olgt durch hohe Temperaturen, die
nge auf das Einmachgut einwirken.

Auf Basis der Erkenntnis, dass Le-
ensmittel auf 100 °C erhitzt werden
üssen, um sie dauerhaft haltbar zu
achen, erfand der 1859 geborene
udolf Rempel die Methode, Lebens-
ittel in Gläsern unter Luftabschluss
urch Erhitzen zu konservieren. Die Er-
ndung wurde am 24. April 1892 pa-
entiert. Da Rempel leider schon im
arauf folgenden Jahr verstarb, erwarb
ohann Weck dieses Patent und grün-
ete am 1. Januar 1900 die Firma
VECK®, die heute fast weltweit ihre
unden mit Zubehör rund um das Ein-
ochen versorgt. Nicht ohne Grund
ird heute der Begriff „Einwecken"
s Synonym für das Einkochen von
ebensmitteln verwendet.

Im Vergleich zu dem häufig prakti-
erten Haltbarmachen durch Einfrie-
en hat das Einwecken den entschei-
enden Vorteil, dass die konservierten
ebensmittel problemlos länger trans-
ortiert werden können, zum Beispiel
enn Sie beim Campingurlaub oder
s Ferienhaus eigene Vorräte mitneh-
en möchten. Außerdem sind einge-
ochte Lebensmittel verzehrfertig und
üssen gegebenenfalls nur noch, je
ach Art des Einweckgutes, erhitzt
erden.

nke Seite:
haben Sie das ganze Jahr über etwas
n Ihren selbst geernteten Früchten.

Konservierende Wirkung

Beim Einkochen oder Einwecken beruht die konservierende Wirkung darauf, dass das Einmachgut erhitzt (sterilisiert) wird, wobei die schädlichen
Mikroorganismen abgetötet werden.
Voraussetzung für eine lange Haltbarkeit sind vollkommen dicht schließende Gefäße, damit keine Keime
mehr eindringen können.

Die Gefäße werden mit dem Einmachgut gefüllt und dann mit einem
Deckel mit Gummidichtung verschlossen, der mit speziellen Federklammern
fixiert wird. Die Luft in den Einweckgläsern dehnt sich beim Erhitzen aus
und entweicht nach außen. Beim Abkühlen entsteht dann in den Gläsern
ein Unterdruck. Dadurch sitzt der Deckel so fest auf dem Glas, dass die
Metallklammern entfernt werden kön-

Material und Geräte

– Messer, Schälmesser und Ent-
  steiner zum Vorbereiten der
  Lebensmittel
– Einkochgläser mit passenden
  Deckeln, Gummiringen und
  Federklammern
– Dampfentsafter für die Saft-
  gewinnung
– evtl. Einfülltrichter und Glas-
  heber
– Einkochtopf oder Backofen
– Einmachzucker (Obst) oder
  Salz und Zitronensäure (Ge-
  müse)
– evtl. Wein, Spirituosen oder
  Gewürze

Dieser Einkochtopf hat ein Thermostat. Die Temperatur lässt sich so ganz einfach „programmieren".

nen. Durch diesen luftdichten Verschluss können von außen keine neuen Mikroorganismen eindringen. Es ist also besonders wichtig, dass die Gummidichtungen nicht porös sind und einwandfrei abdichten, denn sobald Luft in das Glas eindringen kann, lockert sich der Deckel und das Einkochgut wird mit Keimen verunreinigt, die dann innerhalb kurzer Zeit zum Verderben führen.

Fachgerecht eingekochte Lebensmittel sind theoretisch unendlich lange, praktisch zumindest für viele Jahre haltbar. Diese Methode ist für Obst, Gemüse, Fleisch, Fisch, Kuchen und Säfte geeignet. Die Industrie macht sie sich schon lange bei der Herstellung von Lebensmittelkonserven zu Nutze.

Was lässt sich alles einkochen?

Die meisten Obstarten sind für diese Konservierungsmethode geeignet. Unter Zusatz von Zucker, Wasser und Gewürzen lässt sich auf diese Weise leckeres Kompott zubereiten. Auch Fruchtmus können Sie einkochen. Konfitüre, Marmelade und Gelee sind bei ausreichend hohem Zuckergehalt lange haltbar. Sie können die Brotaufstriche aber auch zusätzlich noch einwecken, was sich besonders empfiehlt, wenn sie mit weniger Zucker zubereitet wurden.

Beim Gemüse kann man grundsätzlich alle Arten einwecken, die auch gegart verzehrt werden. Nicht geeignet

Nach dem Öffnen ...

Für alle Erzeugnisse, die durch Einkochen haltbar gemacht wurden, gilt: Nach dem Öffnen kühl aufbewahren und möglichst schnell verbrauchen, da die eindringenden Keime zum Verderben führen.

Vorbereitung der Gefäße

Zum Einkochen sollten Sie am besten nur die speziell dafür vorgesehenen Einweckgläser verwenden. Es gibt sie in verschiedenen Formen und Größen. Das Volumen der normalen Einweckgläser reicht von 0,25 Liter bis zu 1,5 Liter. Zum Einkochen von kleinen Portionen wie bei Gelee, Tomatenmark oder Ähnlichem gibt es sogar Gläser mit 0,1 und 0,2 Liter Inhalt. Es gibt gerade, konische und bauchige Formen und für das Einkochen von Säften auch Flaschen in drei verschiedenen Größen. Die konischen Gläser sollten Sie immer dann verwenden, wenn der Inhalt gestürzt werden muss, wie zum Beispiel bei Kuchen oder auch bei Wurst. Ansonsten sollten Sie die Gläser passend zu Größe und Form des Einmachgutes und natürlich zu den gewünschten Portionsgrößen wählen. Früher gab es die Massivrand- und Rillengläser, die auch heute noch in vielen Haushalten existieren, da diese Gläser bei sachgemäßem Umgang ja jahrzehntelang verwendet werden können. Heute werden nur noch die so genannten Rundrandgläser hergestellt. Sie haben im Gegensatz zu den alten Gläsern einen vertieften Deckel, so dass sie bis unter den Rand gefüllt werden können und somit keine Luft mehr im Glas eingeschlossen bleibt. Die Gummiringe, die als Dichtung zwischen Gefäß und Deckel liegen, haben eine einheitliche Größe und passen für alte und für neue Gläser gleichermaßen. Nur die Metallklammern, mit denen die Deckel vor dem Sterilisieren fixiert werden, sind bei den neueren Gläsern anders geformt.

sind Salatgurken oder Radieschen. Auch alles, was in Essig oder süß-sauer eingelegt wurde (siehe Kapitel „Einlegen in Essig", Seite 53), kann zusätzlich eingeweckt werden, um die Haltbarkeitsdauer erheblich zu verlängern, ebenso wie Chutney und Relish. Hervorragend eignen sich verschiedene Pilze zum Einmachen, besonders feste, ganze Champignonköpfe, aber auch würzige Waldpilze, wenn sie nicht zu klein sind.

Weniger häufig wird das Einkochen von Fleisch, Wurst und Fisch praktiziert, was sich aber gerade für Selbsterzeuger oder solche, die ihre Ware direkt frisch vom Erzeuger beziehen können, interessant ist. Auch fertig zubereitete Gerichte, Suppen oder Brühen können Sie vorkochen und schließlich durch Einwecken portionsweise haltbar machen.

Besonders praktisch ist das Einwecken von Kuchen. Man kann den Teig in größeren Mengen zubereiten, in Einweckgläser abfüllen, backen und anschließend einkochen. Und wenn einmal überraschend Kaffeebesuch kommt, haben Sie im Handumdrehen einen ganz frisch schmeckenden Kuchen auf dem Tisch.

Solange der Rand, auf dem der Gummiring aufliegt, unbeschädigt ist, können Sie die Gläser immer wieder verwenden. Bei den Gummiringen empfiehlt es sich, sie von Zeit zu Zeit auszutauschen, da sie bei häufigem Gebrauch spröde oder rissig werden und dann nicht mehr dicht schließen.

Vor dem Einwecken müssen Gläser, Deckel und Gummiringe gründlich gesäubert werden. Die Gläser werden mit heißem Wasser und Spülmittel gereinigt und möglichst heiß mit klarem Wasser ausgespült. Dann stellt man sie mit der Öffnung nach unten auf ein sauberes Geschirrtuch und dreht sie erst kurz vor dem Befüllen um. Auch die Deckel werden so gereinigt und auf ein sauberes Tuch gelegt. Die Gummiringe sollten Sie in Essigwasser einige Minuten auskochen. Anschließend legt man sie in heißes, klares Wasser und belässt sie dort, bis sie verwendet werden.

Was wird wie eingeweckt?

Obst einwecken

Obst zum Einwecken sollte ganz frisch und reif sein, damit es das volle Aroma entwickelt. Optimal ist es, wenn Sie die Früchte bei trockenem Wetter am Vormittag ernten und gleich verarbeiten können. Weder unreife noch überreife Früchte sind geeignet. Besonders bei Birnen ist es wichtig, feste, saftige Früchte zu verwenden. Werden sie innen schon weich, sind sie zum Einkochen nicht mehr geeignet.

Angeschlagene Früchte werden konsequent aussortiert. Sie können die Schadstellen ausschneiden, dann lassen sie sich noch zu Konfitüre oder Gelee verarbeiten.

Die Früchte werden gründlich gewaschen und abgetropft. Festere Früchte werden mit Küchenkrepp vorsichtig abgetrocknet. Erst dann sollten Sie sie – je nach Art – schälen oder entsteinen. Beim Kernobst wird das Kerngehäuse entfernt. Die Früchte werden je nach Größe in Spalten geschnitten oder halbiert.

Da die Eigensüße der meisten Früchte nicht ausreicht, werden sie unter Zuckerzusatz eingekocht. Hierzu verwenden Sie am besten Einmachzucker. Er hat einen sehr großen Reinheitsgrad und löst sich langsam und ohne störende Schaumbildung auf. Für Diabetiker können Sie Obst auch mit Süßstoff einkochen. Die erforderliche Menge hängt dann von der Art des Süßstoffs ab. Am besten richten Sie sich nach der Packungsaufschrift.

Die vorbereiteten Früchte werden dicht in die sauberen Gläser geschichtet. Damit die Früchte möglichst eng zusammenrutschen, stoßen Sie das Glas mehrmals vorsichtig auf. Die Früchte müssen dicht genug eingeschichtet sein, da sie durch das Erhit-

---

Menge und Konzentration der Zuckerlösung

Für 3 kg Früchte benötigt man etwa 1 Liter Zuckerlösung. Bei süßen Früchten rechnet man auf 1 Liter Wasser 100 bis 300 g Zucker, bei sauren Früchten 400 bis 600 g.

Anhaltswerte für die benötigte Zuckermenge

Fruchtart	Einmachzucker pro 1 l Wasser	Einmachzucker pro 1 kg Früchte
Äpfel	300 g	–
Aprikosen	400 g	–
Birnen	400 g	–
Brombeeren	–	250 g
Erdbeeren	–	200 g
Heidelbeeren	–	300 g
Himbeeren	–	200 g
Johannisbeeren	–	300 g
Kirschen, sauer	500 g	250 g
Kirschen, süß	300 g	150 g
Mirabellen	400 g	–
Pfirsiche	400 g	–
Pflaumen	500 g	250 g
Preiselbeeren	500 g	–
Quitten	500 g	–
Renekloden	400 g	–
Rhabarber	–	300 g
Stachelbeeren	500 g	–

zen zusammenfallen und dadurch ohnehin an Volumen verlieren.

Saftreiche Beeren und Rhabarber werden einfach zusammen mit dem Zucker eingefüllt. Lässt man sie vorher einige Zeit Saft ziehen, löst sich der Zucker gleich besser und die Früchte lassen sich enger schichten. Pflaumen und Kirschen können Sie je nach Saftgehalt mit dem Zucker einschichten oder mit Zuckerlösung übergießen. Alle anderen Früchte werden mit Zuckerlösung übergossen. Hierzu erhitzt man die benötigte Wassermenge und löst darin die angegebene Menge Einmachzucker auf (siehe Tabelle oben). Schichten Sie die Früchte eng in die Gläser und füllen Sie bis unter den Rand mit der Zuckerlösung auf. Die Früchte sollten vollständig bedeckt sein. Eventuell benötigte Gewürze wie Zimtstangen, Nelken oder Anisblüten werden zwischen die Früchte gelegt. Kompott können Sie auch mit edlen Bränden oder Weißwein verfeinern. Diese können gleich mit der Zuckerlösung vermischt zugegeben werden.

Besonders hartes Obst wie Quitten oder harte Birnen werden vorher 5 bis 10 Minuten in der Zuckerlösung gekocht und dann in die Einmachgläser gefüllt.

Die mit Deckel, Gummiring und Federklammern verschlossenen Gläser werden wie in der Tabelle auf den Seiten 92 und 93 angegeben sterilisiert.

Gemüse einwecken

Auch beim Einwecken von Gemüse ist es wichtig, dass Sie nur makellose, frische Ware verwenden. Welke, faulige oder braune Stellen müssen großzügig abgeschnitten werden. Das Gemüse wird gewaschen und geputzt. Spargel, Wurzelgemüse und Kohlrabi werden geschält und in mundgerechte Stücke geschnitten (mit Ausnahme von Spar-

gel, der auch in ganzen Stangen eingekocht werden kann).

Von den verschiedenen Kohlsorten sollten Sie die äußeren Blätter entfernen. Dann werden die Köpfe fein geschnitten oder gehobelt und vor dem Einwecken 1 bis 2 Minuten blanchiert. Bei Rosenkohl entfernt man die welken Blättchen und das Strunkende wird frisch angeschnitten. Er braucht nicht blanchiert zu werden.

Beim Zuckermais werden nur die jungen Kölbchen eingeweckt. Von Artischocken sollten Sie alle Blätter und das „Heu" entfernen, so dass nur die Artischockenböden zur Weiterverarbeitung übrig bleiben. Vom Mangold sind nur die Stiele zum Einkochen geeignet.

Wurzelgemüse, Mais, Kürbis, dicke Bohnen, Artischockenböden, Blumenkohl, Brokkoli, Mangoldstiele und Kohlrabi sollten vor dem Einwecken so vorgekocht werden, dass sie noch bissfest sind. Das Kochwasser sollten Sie auf alle Fälle wegschütten. Es darf nicht zum Einkochen verwendet werden. Spargel wird vor dem Einkochen überbrüht und 10 Minuten im heißen Wasser belassen.

Grüne Bohnen, Wachsbohnen, Erbsen, Zuckererbsen und Einlegegurken eignen sich hervorragend zum Einwecken und müssen auch nicht vorgegart werden, ebenso wie Zucchini, Tomaten und Zwiebeln. Zucchini sollten nicht länger als 20 cm sein, da größere Früchte zu viel Wasser enthalten und matschig werden. Die Kerne werden aus den längs halbierten Früchten herausgeschabt und das Fruchtfleisch wird in Stücke geschnitten. Tomaten können sowohl mit Schale als auch ohne eingemacht werden. Bei Zwiebeln eignen sich nur die kleinen, weißen Sorten, die keinen so hohen Wassergehalt aufweisen.

Das vorbereitete Gemüse wird dicht in saubere Gläser geschichtet. In der Regel wird dann mit heißer Salzlösung aufgefüllt, verschlossen und sterilisiert. Bei einigen Gemüsearten empfiehlt es sich, auf das Salz zu verzichten, sie werden einfach mit abgekochtem Wasser aufgefüllt. Hierzu gehören Spargel und Grüne Bohnen.

Für die Salzlösung rechnet man etwa 10 g Salz auf 1 Liter Wasser. Das Wasser wird mit dem Salz aufgekocht und dann heiß über das Gemüse gegossen, so dass alles gut bedeckt ist. Die Deckel werden mit Gummiring auf die Gläser aufgesetzt und mit den Federklammern fixiert. Dann wird wie in der Tabelle auf den Seiten 92 und 93 angegeben sterilisiert.

Selbst gemachtes Tomatenmark aus sonnengereiften Tomaten aus dem eigenen Garten

Tomatenmark

Die Herstellung von Tomatenmark gehört im weitesten Sinne auch zum Einwecken von Gemüse. Besonders wenn Sie im Garten eine so üppige Tomatenernte haben, dass die Menge an frischen Früchten kaum zu bewältigen ist, können Sie sich einen Teil als Konzentrat konservieren und später für die Zubereitung von Suppen oder Soßen verwenden. Gewürzt wird die Masse am besten erst bei der endgültigen Zubereitung.

Die Tomaten sollten vollreif sein. Sie werden gründlich gewaschen und in kleine Stücke geschnitten. Dann kochen Sie sie in einem weiten Topf unter ständigem Rühren zu Mus. Enthalten die Tomaten viel Wasser, empfiehlt es sich, den überschüssigen Saft abtropfen zu lassen, indem Sie die Masse auf ein über eine Schüssel gespanntes nasses Tuch geben. Den Saft können Sie zum Trinken oder zum Zubereiten von Suppe verwenden. Das Tomatenmus wird anschließend durch ein Sieb passiert und in kleine Einweckgläschen gefüllt. Sie werden mit Deckel, Gummiring und Federklammern verschlossen und im Einkochtopf bei 90 °C für 20 Minuten sterilisiert.

Tomatenketschup

Tomatenketschup unterscheidet sich von Tomatenmark dadurch, dass er etwas dünnflüssiger ist und mit Essig, Zucker und verschiedenen Gewürzen abgeschmeckt wird. Je nach persönlichem Geschmack können Sie die Zusammensetzung der Gewürze abwandeln. Auch können Sie noch klein gehackte Paprika, Zwiebeln oder Knoblauch hinzugeben. Das folgende Grundrezept lässt sich somit beliebig abwandeln.

1 kg Tomatenmus (zubereitet wie oben
*   beschrieben, vor dem Durchpassieren)*
1/4 l Weinessig (rot oder weiß)
100 g Rohrzucker
1 EL Salz
je 1 TL Senfkörner, Pimentkörner, Pfeffer-
*   körner, Korianderkörner, Gewürznelken*

- Die Zutaten alle zusammen unter ständigem Rühren gut durchkochen, bis die gewünschte „Ketchup-Konsistenz" erreicht ist (etwa 10 Minuten).

Das Fleisch in den Weckgläsern wird mit der heißen Fleischbrühe übergossen.

- Abschmecken und eventuell noch mit Zucker, Salz oder Essig nachwürzen.
- Anschließend die Masse durch ein feines Sieb passieren und in heiß ausgespülte, saubere Einweckflaschen oder -gläser abfüllen.
- Mit Deckel, Gummiring und Federklammern verschließen und 20 Minuten bei 90 °C sterilisieren.

Fleisch und Wurst einwecken

Das Einkochen von Fleisch und Wurst ist nicht so gängig wie das Einwecken von Obst und Gemüse. Aber besonders wenn Sie größere Mengen Fleisch direkt vom Erzeuger beziehen, Selbstversorger oder Jäger sind und regelmäßig größere Mengen Fleisch selber verwerten müssen, kann das Einwecken eine Alternative zum Einfrieren sein. Wichtigste Regel, die Sie beachten sollten: Das Fleisch muss vor dem Sterilisieren in jedem Fall vollständig durchgegart sein, da roh gebliebene Bereiche zu einem Verderben führen. Außerdem sollten Sie möglichst nur fettarmes Muskelfleisch einwecken. Das Fleisch muss gut abgehangen und von guter Qualität sein.

Das Fleisch wird so gegart, wie Sie es üblicherweise zubereiten. Sie können es anbraten und im Fond zusammen mit Gewürzen oder Gemüse zu Ende garen oder gleich in der Brühe mit den Zutaten nach Wahl kochen. Um festzustellen, ob ein Braten durchgegart ist, empfiehlt sich die Verwendung eines Bratenthermometers. Soll das Fleisch zu Gulasch, Frikassee oder Ragout verarbeitet werden, können Sie es sofort in passende Stücke schneiden mit den entsprechenden

Selbst gemachte Wurst: Da weiß man, was drin steckt.

Gewürzen garen. Das Fleisch sollte eben durch, aber nicht zu weich gekocht sein. Bei Fleischstücken, die Knochen enthalten, sollten diese vor dem Einkochen entfernt werden. Hierzu lässt man das Fleisch nach dem Garen 10 Minuten stehen, damit der Saft in das Fleisch einzieht und nicht beim Schneiden austritt. Dann löst man die Knochen heraus und schneidet das Fleisch in entsprechend große Stücke, so dass es sich gut in die Gläser einschichten lässt.

Fleisch, das in Brühe oder Fond gegart wurde, wird auch mit dieser Flüssigkeit eingekocht. Das Fleisch wird so heiß wie möglich fest in die Gefäße geschichtet, ohne dass es zu stark gepresst wird. Dann kochen Sie den

Fond oder die Garflüssigkeit nochmals auf, ergänzen gegebenenfalls mit Wasser oder Fleischbrühe und seihen anschließend ab, falls sich noch Gemüse oder Gewürze im Fond befinden. Das Fleisch übergießen Sie dann mit der heißen Flüssigkeit. Es muss nicht unbedingt vollständig bedeckt sein. Die Gläser sollten Sie nur bis 3 cm unter den Rand füllen. Anschließend werden sie mit Gummiring, Deckel und Federklammern verschlossen und 75 Minuten bei 100 °C sterilisiert.

Manche Fleischsorten können Sie auch trocken einkochen wie zum Beispiel gebratene Schnitzel oder Koteletts (ohne Panade und ohne Knochen). Sie werden einfach in die Gläser geschichtet, verschlossen und sterilisiert.

Etwas abweichend ist die Vorgehensweise beim Einkochen von Wurst. Auch hier gilt: Die Wurstmasse muss vor dem Einwecken fertig zubereitet und durchgegart sein. Möchten Sie Zwiebeln zugeben, müssen diese ebenfalls immer gut durchgegart sein. Es dürfen weder Mehl noch Brötchen oder Paniermehl zugesetzt werden. Da die eingekochte Wurst mit der Zeit etwas an Aroma verliert, muss die Wurstmasse von vornherein kräftig gewürzt werden.

Sobald die Masse fertig zubereitet ist, wird sie heiß in die Einmachgläser gefüllt, sofort verschlossen und sterilisiert (120 Minuten bei 100 °C). Die Gläser dürfen vorher auf keinen Fall noch eine Zeit lang verschlossen stehen gelassen werden, da sonst die Wurst später säuerlich oder abgestanden schmeckt. Da in der Wurstmasse immer ein gewisser Anteil an Fett enthalten ist, quillt sie durch das Einkochen auf. Daher dürfen die Gläser nur zur Hälfte oder höchstens zu zwei Dritteln gefüllt werden. Je mehr Fett die Wurst enthält, umso mehr quillt sie beim Einkochen auf.

Kohlrabi mit Schweinefleisch

10 Kohlrabi
500 g Schweinefleisch aus der Keule
100 g Schmalz
Salz, Pfeffer

- Kohlrabi schälen, in Streifen schneiden, in kochendes Wasser legen und 3 Minuten garen. Herausnehmen und bis zur weiteren Verwendung in kaltes Wasser legen.
- Das Fleisch in mundgerechte Würfel schneiden, mit Salz und Pfeffer bestreuen und mit etwas Wasser eine halbe Stunde lang dünsten. Die abgetropften Kohlrabistreifen hinzufügen, etwas salzen und zusammen mit dem Schmalz das Ganze noch einmal eine halbe Stunde dünsten.
- In vorbereitete Gläser füllen und 60 Minuten bei 100 °C sterilisieren.
- Zum Verzehr wird das Gericht im Glas erwärmt und mit reichlich Petersilie bestreut zu Salzkartoffeln serviert.

Leberwurst im Glas

1 Kalbsleber (man kann auch Rinderleber verwenden)
Salz
Butter zum Anbraten
frischer Speck (auf 1 Pfund Leber rechnet man 1/2 Pfund Speck)
1/4 l Wasser
3 kleine Zwiebeln
1 große Möhre
1 Stück Sellerie
1/2 TL Pfefferkörner
1/2 TL Wacholderbeeren
2 Gewürznelken
1 Lorbeerblatt
Zum Würzen der Masse Salz, Pfeffer sowie je 1 TL Thymian und Majoran

- Die Kalbsleber häuten und anschließend mit Salz einreiben. Die Zwiebeln schälen und halbieren. Möhre und Sellerie putzen und in Stücke schneiden.
- Die Leber in Butter anbraten. Das Wasser angießen, das Gemüse und die Gewürze dazugeben und bei milder Hitze alles weich dämpfen. (Falls zu viel Wasser verdampft,

noch etwas ergänzen.) Anschließend die Leber aus der Soße nehmen und abkühlen lassen.

Die Soße durch ein Haarsieb streichen. In der Zwischenzeit den frischen Speck etwa eine halbe Stunde in etwas Wasser kochen und danach auskühlen lassen.

Die Leber zunächst zweimal durch den Fleischwolf drehen, anschließend noch weitere zweimal zusammen mit dem gekochten Speck durchdrehen. Die Masse mit Salz und Pfeffer würzen.

Von der Soße das Fett abschöpfen. Die Soße zusammen mit dem Thymian und dem Majoran in die Masse einrühren, bis diese geschmeidig wird.

Vorbereitete Gläser zu etwa zwei Dritteln mit der Masse füllen, verschließen und bei 100 °C für 60 Minuten sterilisieren.

Eingekochte Mettwurst

kg mageres Schweinefleisch
kg mageres Rindfleisch
kg Schweinebauch ohne Schwarten
25 g Salz
EL Zucker
EL Paprika edelsüß
EL gemahlener grüner Pfeffer
Schnapsgläschen Rum

Das Fleisch in grobe Stücke schneiden und zweimal durch den Fleischwolf drehen. Mit den restlichen Zutaten vermengen und abschmecken. Vorbereitete Gläser zu zwei Dritteln mit der Masse füllen, verschließen und 120 Minuten bei 100 °C sterilisieren.

Wildbret einwecken

Entgegen früherer Ansichten wird heute das tagelange Einlegen oder „Beizen" des Fleisches in Buttermilch oder Rotwein nicht mehr empfohlen, da hierdurch der typische Wildgeschmack verloren geht. Wenn die erlegten Tiere nicht zu alt sind, sofort fachgerecht versorgt werden und das Fleisch frisch verarbeitet wird, sind derartige Vorbehandlungen nicht nötig. Wenn Sie einmal größere Mengen Fleisch zur Verfügung haben, sollten Sie versuchen, einen Teil durch Einkochen zu konservieren.

Rehragout

Hierfür eignet sich besonders das Fleisch von den Vorderkeulen und vom Hals sowie das ausgelöste Fleisch von den Rippen. Das Fleisch wird in mundgerechte Stücke zerteilt und gesalzen. In heißem Öl werden zunächst reichlich fein geschnittene Zwiebeln (etwa 2 große Zwiebeln auf 1 kg Fleisch) goldgelb angedünstet. Dann gibt man das Fleisch hinzu und brät es von allen Seiten braun an. Anschließend mit reichlich Fond (siehe anschließender Tipp) ablöschen. Steht Ihnen kein Fond zur Verfügung, können Sie auch mit fertiger Fleischbrühe oder Wasser ablöschen. Dann wird das Fleisch nicht zu weich gegart. Anschließend gibt man es in vorbereitete Einkochgläser und füllt mit der Brühe oder dem Fond bis 3 cm unter den Rand auf. Die verschlossenen Gläser werden dann 75 Minuten bei 100 °C sterilisiert.

Für die endgültige Zubereitung erhitzen Sie zunächst nur die Flüssigkeit aus den Einweckgläsern und binden sie gegebenenfalls mit einem Soßenbinder oder einer Mehlschwitze. Anschließend das Fleisch dazugeben und nur kurz aufkochen. Zum Schluss können Sie die Soße mit Gewürzen Ihrer Wahl abschmecken und mit Crème fraîche oder einem Schuss Rotwein verfeinern.

Tipp für einen Fond: Ein kräftiger Fond lässt sich aus Knochen, die zuvor angebraten werden, zubereiten. Die Knochen mit Kräutern und Gewürzen nach Wahl in einen großen Topf geben. Mit so viel Wasser auffüllen, dass alle Zutaten gerade bedeckt sind. Aufkochen und anschließend auf kleiner Flamme 2 bis 3 Stunden köcheln lassen. Offen abkühlen lassen. Falls erforderlich das erkaltete Fett, das sich oben abgesetzt hat, am nächsten Tag abschöpfen und das Ganze noch einmal aufkochen. Anschließend heiß abseihen und wiederum offen abkühlen lassen. Gekühlt kann man den Fond nur mit einem Tuch abgedeckt einige Tage aufbewahren. Wird er nicht innerhalb weniger Tage verwertet, frieren Sie ihn am besten in Gefrierdosen ein. Kleine Mengen können auch in Eiswürfelschalen eingefroren werden. Alternativ können Sie den heißen Fond auch in Einkochgläser füllen und sterilisieren.

Bei Zubereitung von Fonds oder Suppen ist es ganz wichtig, dass sie offen abgekühlt und aufbewahrt werden, weil sie sonst schnell sauer werden und verderben. Es reicht, wenn sie durch ein Tuch vor Staub oder anderen Verunreinigungen geschützt werden.

Fisch einwecken

Ebenso wie Fleisch lässt sich auch frischer Fisch einwecken. Diese Konservierungsmethode ist natürlich besonders für Angler und Sportfischer interessant, die auch mal einen größeren Fisch an Land ziehen.

Verwertet wird eigentlich nur das Filet. Der Fisch sollte so frisch wie möglich eingeweckt werden. Hierzu wird er geschuppt, entgrätet und Kopf und Flossen werden abgeschnitten. Je nach Größe des Fisches werden die beiden Filets dann im Ganzen (mit oder ohne Haut) oder in Stücke geschnitten weiterverarbeitet.

Der so vorbereitete Fisch wird zunächst für etwa eine Stunde in eine Salzlake (50 g Salz pro 1 Liter Wasser) eingelegt. Dann lässt man ihn 10 Minuten abtropfen. Anschließend wird er dicht in nicht zu große Einweckgläser geschichtet. Wenn Sie Fischfilets mit Haut einkochen, sollten Sie sie so in das Einweckglas schichten, dass die Haut nach außen gegen die Glaswand zu liegen kommt. Ohne weitere Zugabe von Flüssigkeit werden die Gläser mit Gummiring, Deckel und Federklammern verschlossen und bei 100 °C für 120 Minuten im Einkochtopf sterilisiert.

Fischcurry

500 g eingewecktes Fischfilet (geeignet sind fettarme Fische wie z. B. Hecht oder Zander, aber auch Meeresfische wie Seelachs oder Kabeljau)
Saft einer halben Zitrone
Salz
2 EL Curry
1 Bd. Frühlingszwiebeln

Butter zum Anbraten
1 Knoblauchzehe
200 g süß-saure Kürbiswürfel mit Flüssigkeit (siehe S. 56)
2–3 EL Crème fraîche
Cayennepfeffer

Das Fischfilet in mundgerechte Stücke teilen, mit Zitronensaft beträufeln und mit Salz und Curry bestreuen. Die Zwiebeln putzen und in feine Ringe schneiden.
Die Butter erhitzen und die Zwiebeln darin andünsten. Den Knoblauch durch die Presse drücken und dazugeben. Die Fischstücke kurz mit anbraten und anschließend mit etwas Kürbisflüssigkeit ablöschen. Auf kleiner Flamme einige Minuten köcheln lassen.
Dann die Crème fraîche einrühren und zuletzt die abgetropften Kürbiswürfel hineingeben und heiß werden lassen. Mit Salz und Cayennepfeffer abschmecken und zu Reis servieren.

Tipp: Da der Fisch durch das Einwecken ja schon gegart ist, muss man bei der Weiterverarbeitung darauf achten, dass er nicht durch zu langes Mitdünsten zerfällt. Gegebenenfalls darf der Fisch erst gegen Ende der Kochzeit zugegeben werden.

Suppen einwecken

Eine gute Suppe aus frischen Zutaten zu kochen ist relativ aufwändig. Daher lohnt es sich oft größere Portionen zuzubereiten, besonders wenn Sie durch eine reiche Ernte zum Beispiel eine bestimmte Gemüsesorte in großen Mengen zur Verfügung haben. Der Arbeitsaufwand ist dann derselbe, aber Sie können für später noch mehrere Portionen einkochen, die bei Bedarf schnell auf den Tisch gebracht werden können.

Grundsätzlich gilt, dass Suppen vor dem Einwecken fertig gekocht sein müssen. Erst dann werden sie in Gläser gefüllt, mit Deckel, Gummiring und Federklammern verschlossen und eingekocht. Die Einkochzeit beträgt im Einkochtopf zwischen 30 und 90 Minuten. Eine leichte Brühe wird nur 30 Minuten, eine Gemüsesuppe 60 Minuten und eine dickere Suppe oder ein Eintopf 90 Minuten sterilisiert. Allerdings darf die Suppe weder Mehl noch andere Bindemittel enthalten, da diese mit der Zeit säuern und somit den Geschmack beeinträchtigen können. Soll die Suppe angedickt oder gebunden werden, darf dies erst erfolgen, wenn sie wieder erhitzt und angerichtet wird.

Eingekochte Suppe können Sie sogar im Einweckglas im Mikrowellengerät erhitzen. Allerdings müssen Sie zuvor Deckel und Gummiring unbedingt abnehmen.

Kuchen einwecken

Im Vergleich zum Einwecken von Obst und Gemüse ist weit weniger bekannt,

---

Ohne Bindemittel

Grundsätzlich können Sie auch andere fertig zubereitete Gerichte wie Ragouts oder Eintöpfe einwecken. Auch hierbei gilt, dass sie kein Mehl und kein Bindemittel enthalten dürfen.

dass man auch Kuchen einwecken und auf diese Weise etwa sechs Monate haltbar machen kann. So sind Sie jederzeit für einen überraschenden Kaffeebesuch gewappnet.

Allerdings eignen sich nicht alle Arten von Kuchen für diese Konservierungsmethode, sondern ausschließlich Rührteig. Als Einweckgläser kommen vor allem die so genannten Sturzgläser infrage, da sie eine konische Form besitzen (sie verjüngen sich nach unten) und nur bei dieser Glasform der fertige Kuchen später bequem aus dem Glas gestürzt werden kann. Das Verschließen der Gläser erfolgt wie bei allen anderen Einweckgläsern.

Um das spätere Entnehmen des Kuchens noch mehr zu erleichtern, sollten Sie die Gläser vor dem Befüllen einfetten und mit Paniermehl ausstreuen. Für ein sauberes Einfüllen empfiehlt sich die Verwendung eines speziellen Einfülltrichters, damit der Rand durch den zähflüssigen Teig nicht verklebt.

Der Rührteig wird wie beim normalen Backen zubereitet. Beim Befüllen der Gläser müssen Sie berücksichtigen, dass der Teig aufgeht, daher dürfen die Gefäße nur etwa zur Hälfte gefüllt werden.

Sind die Gläser befüllt, haben Sie für den eigentlichen Backvorgang zwei Methoden zur Auswahl:
– Backen und Einkochen in einem Vorgang im Einkochtopf,
– Vorbacken wie gewohnt im Back-

Eingeweckter Kuchen hält sich monatelang und schmeckt wie frisch gebacken.

ofen und anschließendes Einkochen im Einkochtopf.

Backen und Einkochen im Einkochtopf
Nach dem Befüllen der Gläser mit dem Teig werden diese mit Deckel, Gummiring und Federklammern verschlossen. Dann werden sie bei 100 °C für 120 Minuten „gebacken" beziehungsweise sterilisiert. Anschließend lässt man sie bei Zimmertemperatur an einem zugfreien Ort abkühlen und entfernt erst dann die Klammern.

Bei dieser Methode erfolgt das Backen und Sterilisieren in einem Vorgang. Der Kuchen wird in geschlossenen Gefäßen bei milder Hitze langsam gebacken und bekommt keine Kruste. Daher ist diese Methode besonders für Personen empfehlenswert, die aufgrund bestimmter Erkrankungen keine Röstprodukte essen dürfen. Der Nachteil ist, dass Sie nicht testen können, ob der Kuchen durchgebacken ist. Daher müssen Sie unbedingt die angegebene Zeit ab Erreichen der 100 °C einhalten.

Da die verschlossenen Gläser ja noch viel Luft enthalten, müssen sie im Einkochtopf eventuell beschwert werden, damit sie im Wasserbad nicht aufsteigen.

Vorbacken und anschließendes Einkochen
Bei dieser Methode wird das Einweckglas sozusagen als Backform verwendet. Der Teig wird in den offenen Gläser zunächst im leicht vorgeheizten Backofen gebacken.
Elektroherd 180–190 °C
Heißlufthemd 160–170 °C
Gasherd Stufe 2–3

Die Backzeit beträgt etwa 60 bis 90 Minuten. Durch Einstechen mit einem dünnen Holzstäbchen können Sie feststellen, ob der Kuchen durchgebacken ist. Anschließend nehmen Sie die Gläser aus dem Backofen und lassen sie bei Zimmertemperatur so lange abkühlen, bis man sie anfassen kann. Sollte der Teig zu stark aufgegangen sein, so dass er über den Gefäßrand hinausgestiegen ist, schneiden Sie ihn mit einem scharfen Messer ab.

Nun werden die Gläser mit Deckel, Gummiring und Federklammern verschlossen und im Einkochtopf 30 Minuten lang bei 100 °C sterilisiert. Auch diese Gläser müssen eventuell beschwert werden, da der Kuchen relativ leicht ist und die Gläser manchmal aufschwimmen. Nach dem Sterilisieren lassen Sie die Gefäße an

einem zugfreien Ort abkühlen und entfernen dann die Federklammern.

Der Vorteil dieser Methode ist, dass Sie testen können, ob der Kuchen durchgebacken ist, und dass der Kuchen oben eine knusprige Kruste bekommt und dadurch herzhafter schmeckt.

Säfte einwecken

Haben Sie besonders große Mengen an Obst oder Gemüse zur Verfügung, zum Beispiel weil die Ernte im Garten sehr üppig ausgefallen ist, können Sie einen Teil davon zu Saft verarbeiten. Fast alle Obstarten eignen sich zum Entsaften. Beim Gemüse ist es vorwiegend Wurzelgemüse, saftreiches Fruchtgemüse wie

Gurken oder Tomaten sowie Spargel. Kohlarten und Blattgemüse eignen sich weniger.

Obstsäfte können Sie später pur oder mit Mineralwasser gemischt als gesunde Erfrischungsgetränke verwenden. Gemüsesäfte eignen sich zum puren Genuss oder zum Würzen und Verfeinern von Suppen und Soßen.

Zum Entsaften muss das **Vorbereiten von Obst und Gemüse** nicht so gründlich geschehen wie für andere Konservierungsmethoden.

Beerenobst wird gründlich gewaschen und abgetropft, braucht aber nicht unbedingt entstielt zu werden.

Steinobst wird gewaschen und entstielt, muss aber nicht entsteint werden. Nur bei großen Früchten wie Pfirsichen sollte man die Steine entfernen. Das Fruchtfleisch wird dann in Stücke geschnitten. Bei größere Pflaumensorten empfiehlt es sich, die Früchte zu halbieren. Besonders weiche, sehr safthaltige Früchte wie Sauerkirschen sollten nicht entsteint werden.

Kernobst wird von fauligen Stellen befreit. Dann wird es gewaschen und in Stücke geschnitten. Es sollte nicht geschält werden, da gerade in der Schale und dicht darunter wertvolle Inhalts- und Aromastoffe enthalten sind.

Rhabarber wird gewaschen und in kleine Stücke geschnitten. Für magenempfindliche Personen sollten Sie die Stangen vor dem Entsaften für etwa

Linke Seite:
Für sterilisierte Säfte, die lange gelagert werden sollen, sind diese speziellen Flaschen am besten geeignet.

Für eine üppige Ernte im eigenen Garten lohnt in jedem Fall die Anschaffung eines Dampfentsafters.

1 Minute blanchieren und das Blanchierwasser wegschütten, um die im Rhabarber enthaltene Oxalsäure zu entfernen.

Gemüse wird gewaschen und eventuell vorhandene faulige oder schlechte Stellen werden ausgeschnitten. Es sollte nur geschält werden, wenn die Schale beziehungsweise die äußere Schicht stark verschmutzt ist. Auch Zwiebeln oder Spargel können mit Schalen und Abfallstücken entsaftet werden. Alle Gemüsearten werden in kleine Stücke geschnitten oder geraspelt.

Gemüse, bei denen die Blätter auch als Gewürz genutzt werden, wie bei Sellerie oder Petersilienwurzel, können mit dem Grün entsaftet werden.

Entsaften
Hierfür empfiehlt sich die Methode des Heißentsaftens. Der Einsatz einer

87

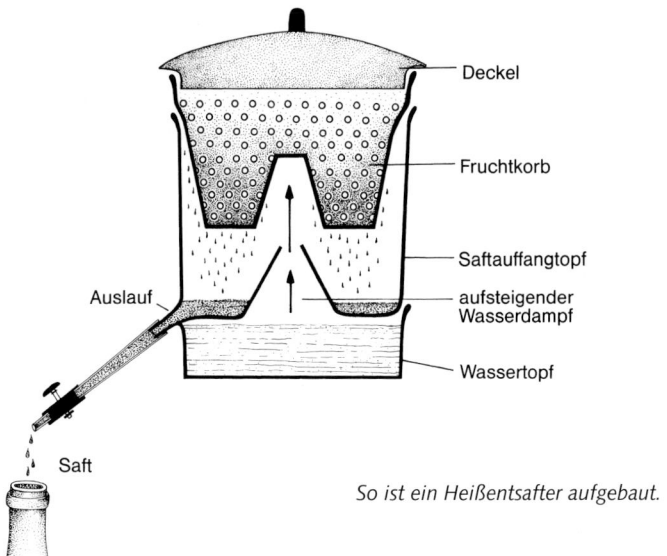

Deckel

Fruchtkorb

Saftauffangtopf

aufsteigender
Wasserdampf

Wassertopf

Auslauf

Saft

So ist ein Heißentsafter aufgebaut.

elektrischen Saftzentrifuge, bei der die Früchte kalt entsaftet werden, ist nur sinnvoll, wenn Sie den Saft sofort trinken möchten, da die Geräte einerseits nur für kleine Mengen ausgelegt sind und andererseits schädliche Mikroorganismen nicht durch Hitze abgetötet werden.

Zum Heißentsaften verwendet man so genannte Dampfentsafter. Diese Geräte gibt es ähnlich wie Einkochtöpfe in verschiedenen Ausführungen. Vollautomatische Dampfentsafter haben ein eigenes Heizelement und werden direkt elektrisch betrieben. Einfachere Modelle werden auf der Herdplatte erhitzt.

Ein Dampfentsafter besteht aus folgenden Einzelelementen:

– Wasserbehälter: zum Erhitzen des Wassers und zur Erzeugung von Wasserdampf

– Saftauffangtopf: zum Sammeln des aus den zerplatzten Früchten austretenden Saftes

– Fruchtkorb: zum Einfüllen des Obstes oder Gemüses

– Deckel: zum Abdecken, damit nicht unnötig Hitze und Dampf entweicht

– Auslaufhahn: zum Ableiten und Abfüllen des Saftes

Das zu entsaftende Obst oder Gemüse kann in den Fruchtkorb bis dicht unter den Rand eingefüllt werden. Beim Entsaften von Obst können Sie die Früchte gleich mit Zucker vermischen, damit der Saft hinterher sofort die richtige Trinksüße hat (siehe Tabelle rechts).

Das Wasser im unteren Behälter wird nun erhitzt (entweder direkt durch das Heizelement oder durch die Herdplatte). Erst wenn es sprudelnd kocht, beginnt die anzurechnende Dampfzeit. Durch den aufsteigenden

Die richtige Zuckermenge und Dampfzeit beim Entsaften

Entsaftungsgut	Zucker pro kg Obst/Gemüse	Dampfzeit in Minuten
Obst		
Äpfel	20 g	75
Birnen	50 g	75
Brombeeren	100 g	30
Erdbeeren	50 g	30
Heidelbeeren	100 g	45
Himbeeren	50 g	30
Holunderbeeren	80 g	30
Johannisbeeren rot, weiß	100 g	45
Johannisbeeren schwarz	150 g	45
Süßkirschen	50 g	50
Sauerkirschen	100 g	50
Pflaumen	100 g	75
Pfirsiche	50 g	60
Quitten	100 g	75
Rhabarber	100 g	75
Stachelbeeren	100 g	50
Weintrauben	50 g	45
Gemüse		
Fenchel	–	75
Gurken	–	60
Möhren	–	75
Rettich	–	75
Rote Bete	–	75
Sellerie	–	75
Spargel	–	75
Tomaten	–	60
Zwiebeln	–	75

Wasserdampf zerplatzen die Zellen der eingefüllten Früchte und setzen ihren Saft frei. Dieser vermischt sich mit einem Teil des Wasserdampfes und sammelt sich in dem Saftauffangtopf. Lassen Sie das Wasser bis zum Ende der angegebenen Dampfzeit (siehe Tabelle) sprudelnd kochen und fangen Sie den gesamten Saft im Topf auf. Dann stellen Sie den Dampfentsafter beziehungsweise die Herdplatte aus und beginnen sofort den Saft möglichst heiß in vorbereitete Flaschen zu füllen. Haben Sie gezuckerte Früchte entsaftet, sollten Sie zuvor kurz umrühren, damit sich der Zucker gleichmäßig verteilt.

Wenn Sie den Saft innerhalb kurzer Zeit verbrauchen möchten, können Sie ihn in normale, natürlich saubere und möglichst keimfreie Glasflaschen abfüllen und mit speziellen Gummikappen verschließen. Soll der Saft jedoch länger aufbewahrt werden, empfiehlt sich die Abfüllung in Einweckflaschen und das sofortige Verschließen mit Deckel, Gummiring und Federklammern.

Hatte der Saft beim Abfüllen noch eine Temperatur von mindestens 75 °C, sollten die Deckel nach dem Abkühlen und nach dem Abnehmen der Federklammern luftdicht und damit keimfrei schließen. War der Saft nicht mehr heiß genug, bleiben die Deckel nach dem Abkühlen nicht fest auf den Flaschen. In diesem Fall sollten Sie sie wieder mit den Federklammern fixieren und die Flaschen im Einkochtopf bei 90 °C für 10 Minuten sterilisieren. Auf diese Art abgefüllte Säfte sind dann wie anderes Einkochgut jahrelang haltbar.

Sterilisieren

Unabhängig davon, welche Lebensmittel eingemacht werden, erfolgt das Sterilisieren immer nach demselben Prinzip und mit den gleichen Methoden. Am gängigsten ist das Einkochen mit einem speziellen Einkochtopf oder im Backofen.

Sterilisieren im Einkochtopf
Die professionellste und sicherste Methode einzukochen ist das Sterilisieren im Einkochtopf. Besonders wenn Sie regelmäßig und in größeren Mengen Lebensmittel einkochen möchten, sollten Sie die Anschaffung eines solchen Gerätes in Erwägung ziehen.

Einkochtöpfe gibt es in zwei Ausführungen. Die einfachere Version besteht aus Edelstahl und ist zum Betrieb auf allen Arten von Herdplatten geeignet. Im Deckel befindet sich eine Öffnung, in die ein passendes Thermometer gesteckt wird, um die Temperatur im Innern zu überwachen.

Der Automatik-Einkochtopf wird nicht auf der Herdplatte erhitzt, sondern hat ein eigenes elektrisch betriebenes Heizelement mit eingebautem Thermostat, so dass die gewünschte Temperatur eingestellt werden kann und nicht mit Hilfe eines Thermometers überwacht werden muss.

Bei beiden Ausführungen werden die Einkochgläser auf ein eingelegtes Gitter gestellt und können je nach Größe bis zur Höhe des Topfes übereinander gestapelt werden. Die Gläser können sich dabei ruhig berühren oder Kontakt zur Topfwand haben. Sie dürfen nur nicht verkeilt sein.

Sind alle Gläser in den Topf eingeschichtet, füllen Sie diesen mit Wasser so weit auf, bis die obersten Gläser etwa zu Dreiviertel im Wasser stehen. Das Wasser sollte ungefähr die gleiche Temperatur haben wie der Gläserinhalt. Ist das eingefüllte Wasser heißer, zeigt das Thermometer zu früh die erforderliche Temperatur an, obwohl diese im Innern der Gläser noch nicht erreicht ist. Und ist die Einkochzeit zu kurz, kann sich das auf die Beschaffenheit oder Haltbarkeit des Einmachgutes auswirken.

dem heißen Einmachgut und dem Wasser verbrühen und damit Ihnen die schweren Gläser nicht aus der Hand rutschen.

Sterilisieren im Backofen

Möchten Sie nur gelegentlich einkochen und scheuen die Anschaffung eines speziellen Einkochtopfes, können Sie auch im Backofen sterilisieren. Allerdings ist diese Methode nur für Obst und Gemüse geeignet, da hierbei die aufsteigenden Bläschen in der Flüssigkeit als Signal für den Beginn der eigentlichen Kochzeit dienen. Bei breiigen Lebensmitteln wie Kuchen oder Wurst entstehen diese Bläschen nicht, daher können Sie hier die erforderliche Einkochzeit nicht genau überwachen und festlegen.

Die Gläser werden in eine Bratenpfanne gestellt, die auf der untersten Schiene eingeschoben und 2 cm hoch mit Wasser gefüllt wird. Eine hohe Luftfeuchtigkeit ist wichtig, damit die Gummiringe möglichst geschont und nicht porös werden. Die Gläser dürfen sich nicht berühren und sollten, wenn sie aufeinander gestapelt werden, nicht bis zur Decke des Backrohrs reichen.

Stellen Sie den Backofen auf 175 °C ein. Sobald in den Gläsern Luftbläschen aufsteigen, beginnt die eigentliche Einkochzeit. Bei Obst schalten Sie nun den Strom ab und lassen die Gläser noch 30 Minuten im Ofen. Bei Gemüse wird beim Aufsteigen der Bläschen auf 150 °C zurückgeschaltet. Die Gläser werden dann noch 90 Minuten bei dieser Temperatur im Ofen belassen. Dann schalten Sie den Strom aus und lassen sie noch weitere 30 Mi-

Zum Herausheben der Gläser nach abgelaufener Einkochzeit eignet sich am besten ein Glasheber.

Der Topf wird nun auf der Herdplatte erhitzt beziehungsweise eingeschaltet. Mit dem Thermometer können Sie die Temperatur kontrollieren. Beim Automatiktopf wird die erforderliche Temperatur am Thermostaten eingestellt und braucht daher nicht weiter überwacht zu werden.

Sobald die angegebene Zeit abgelaufen ist, nehmen Sie die Gläser heraus und lassen sie bei Zimmertemperatur abkühlen. Beim Herausnehmen ist ein so genannter Glasheber hilfreich, der speziell für das Festhalten und Anheben der Einweckgläser konstruiert wurde, damit Sie sich nicht an

Einkochtemperaturen und -zeiten beim Sterilisieren im Einkochtopf

Einkochgut	Temperatur	Zeit in Minuten
Obst		
Ananas	90 °C	30
Äpfel	90 °C	30
Aprikosen	90 °C	30
Beeren (alle Arten)	80 °C	30
Birnen	90 °C	30
Erdbeeren	80 °C	30
Kirschen	80 °C	30
Melonen	90 °C	30
Mirabellen	90 °C	30
Pfirsiche	90 °C	30
Pflaumen	90 °C	30
Quitten	90 °C	30
Rhabarber*	100 °C	30
Renekloden	90 °C	30
Weintrauben	80 °C	30
Fruchtmus	90 °C	30
Konfitüre, Marmelade, Gelee	90 °C	10
Chutney, Relish	90 °C	10
Gemüse		
Artischocken	100 °C	90
Blumenkohl	100 °C	90
Bohnen, Grüne	100 °C	60
Bohnen, Dicke	100 °C	90
Erbsen	100 °C	120
Gemüsepaprika	100 °C	60
Gewürzgurken, Essiggurken	90 °C	30
Knollensellerie	100 °C	120
Kohlrabi	100 °C	90
Kürbis	90 °C	30
Mais	100 °C	60
Mangold (Stiele)	100 °C	90
Mixed Pickles	90 °C	30
Möhren	100 °C	90
Pastinaken	100 °C	120
Rosenkohl	100 °C	120
Rote Bete	100 °C	30

Einkochtemperaturen und -zeiten beim Sterilisieren im Einkochtopf

Einkochgut	Temperatur	Zeit in Minuten
Rotkraut	100 °C	120
Schwarzwurzeln	100 °C	120
Stangensellerie	100 °C	90
Spargel	100 °C	120
Tomaten	90 °C	30
Tomatenmark/Ketschup	90 °C	20
Weißkraut	100 °C	120
Wirsing	100 °C	120
Zucchini	90 °C	30
Zuckererbsen	100 °C	120
Zwiebeln	90 °C	20
Pilze	100 °C	75–90 (je nach Größe)
Fleisch	100 °C	75
Wurst	100 °C	120
Fisch	100 °C	120
Brühe	100 °C	30
Suppe	100 °C	60
Eintopf	100 °C	90
Kuchen	100 °C	120
Säfte (nur bei Bedarf)	90 °C	10

* Rhabarber zählt eigentlich zum Gemüse, wird aber wie Obst verwendet.

nuten im Backofen stehen, bevor Sie sie bei Zimmertemperatur abkühlen lassen.

Der Nachteil vom Sterilisieren im Backofen ist der höhere Energieverbrauch pro Glas. Außerdem lassen sich die Einkochzeiten und -temperaturen nicht individuell für das unterschiedliche Einkochgut variieren. Die Gummiringe leiden auf Dauer unter der großen Hitze, also kann es später Probleme beim Öffnen geben oder die Gläser werden undicht.

Lagerung von Einmachgut

Die sterilisierten Einmachgläser müssen zunächst auf Zimmertemperatur abkühlen. Dann lösen Sie vorsichtig die Klammern vom Deckel und prüfen, ob dieser fest sitzt.

Sollte das nicht der Fall sein, ist vermutlich die Gummidichtung porös oder der Glasrand beschädigt, so dass der Deckel nicht dicht abschließen kann. In diesem Fall müssen Sie mit neuer Dichtung beziehungsweise in einem unbeschädigten Glas neu sterilisieren.

Wenn Sie viel einkochen, sollten Sie Ihre Gläser mit dem Datum und der Art des Inhaltes beschriften, damit später immer die ältesten Gläser zuerst verbraucht werden. In den ersten Tagen und Wochen müssen Sie regelmäßig kontrollieren, ob die Deckel noch fest sitzen. Sollten nämlich aus irgendeinem Grund nicht alle Bakterien im Einmachgut abgetötet worden sein, kann es zu einer Gärung kommen, durch die Fäulnisgase entstehen, welche den Deckel aufdrücken. Falls dies geschieht, sind die Lebensmittel verdorben und müssen weggeworfen werden.

Dies ist übrigens auch ein Grund, warum Sie nur spezielle Einkochgläser und keine anderen Gefäße, zum Beispiel mit Schraubdeckel, verwenden sollten: Bei einem Schraubverschluss würden Sie nicht merken, wenn Fäulnisgase entstehen und das Einmachgut verdirbt. Ein lockerer Deckel ist somit ein deutliches Warnzeichen. Der Inhalt solcher Gläser sollte in jedem Fall weggeworfen werden, auch wenn auf den ersten Blick keine Veränderung am Einmachgut feststellbar ist.

Ein Grund dafür, dass nicht alle Bakterien abgetötet wurden, kann das Nichteinhalten der angegeben Sterilisationszeit oder eine zu niedrige Temperatur sein. Auch kann es vorkommen, dass zum Beispiel bei Früchten, die überreif waren und vielleicht schon zu gären angefangen haben, das Erhitzen nicht ausgereicht hat, um die schon in großer Zahl vorhandenen schädlichen Mikroorganismen abzutöten. Daher ist es sehr wichtig, nur einwandfreies, frisches Obst und Gemüse und durchgegartes Fleisch zum Einkochen zu verwenden.

Das Einmachgut wird in einem kühlen, dunklen Raum – entweder im Keller oder in einer kühlen Speisekammer – aufbewahrt. In Regalen lassen sich die Einweckgläser am besten übersichtlich und nach Inhalt und Datum sortiert lagern.

Zum Öffnen der Gläser ziehen Sie einfach an der vorstehenden Lasche des Gummiringes. Sobald etwas Luft in das Glas eindringt, was an einem deutlich hörbaren Zischen zu erkennen ist, können Sie den Deckel leicht abnehmen.

Rechte Seite:
Selbst gemachte Konfitüre schmeckt eben doch am allerbesten.

Konfitüre, Marmelade und Gelee

Bei der Bezeichnung von Brotaufstrichen aus Früchten herrscht eine gewisse Verwirrung, da der im allgemeinen Sprachgebrauch gängige Begriff „Marmelade" für die Erzeugnisse aus den unterschiedlichsten Früchten offiziell gar nicht ohne Weiteres verwendet werden darf. Nach der so genannten „Konfitürenverordnung" von 1982, zuletzt geändert 1999, ist die Bezeichnung Marmelade nämlich ausschließlich Zubereitungen aus Zitrusfrüchten vorbehalten.

Die offiziellen Definitionen für die verschiedenen Brotaufstriche aus Früchten sind:

- Marmelade: allgemein alle Erzeugnisse aus Zitrusfrüchten
- Konfitüre extra: Fruchtgehalt von mindestens 45 Prozent mit erkennbaren Fruchtstücken
- Konfitüre einfach: Fruchtgehalt von mindestens 35 Prozent mit Stücken oder als Fruchtmark (püriert)
- Gelee extra: aus Fruchtsaft oder Fruchtkonzentrat, Fruchtanteil 45 Prozent
- Gelee einfach: aus Fruchtsaft oder Fruchtkonzentrat, Fruchtgehalt 35 Prozent
- Fruchtaufstrich: Fruchtgehalt über 45 Prozent

Konservierende Wirkung

Bei der Zubereitung von Marmelade, Konfitüre und Gelee handelt es sich um die Herstellung von gelierten Erzeugnissen aus Früchten beziehungsweise Fruchtsäften. Durch Aufkochen werden die schädlichen Mikroorganismen abgetötet. Gleichzeitig sorgt der hohe Zuckergehalt für eine konservierende Wirkung. Liegt der Zuckeranteil bei 50 Prozent, ist ein Befall durch Schimmelpilze ausgeschlossen. Durch die Aufbewahrung unter Luftabschluss wird außerdem das Eindringen von schädlichen Keimen verhindert und eine lange Haltbarkeit gewährleistet.

Material und Geräte

– Messer, Schälmesser und Entsteiner zum Vorbereiten der Lebensmittel
– Pürierstab oder Mixer
– Dampfentsafter, Saftzentrifuge oder Zitruspresse
– großer Kochtopf, Schaumkelle, Schöpflöffel
– Gläser mit Twist-off-Verschluss oder mit Schnappverschluss und Gummidichtung
– Gelierzucker
– evtl. Zitronensäure, Spirituosen oder Gewürze

Vorbereitung der Früchte

Die makellosen und vollreifen Früchte werden verlesen und gewaschen. Empfindliche Früchte sollten Sie nur vorsichtig mit Wasser überbrausen, gründlich abtropfen lassen und mit Küchenkrepp vorsichtig abtupfen, damit nicht unnötig viel Wasser in den Fruchtbrei gerät. Optimal ist es, wenn Himbeeren und Brombeeren überhaupt nicht gewaschen werden müssen, da sie schnell verwässern, Saft abgeben und dadurch an Aroma verlieren.

Die Früchte werden dann je nach Art geputzt, geschält, entsteint, vom Kerngehäuse befreit und zerkleinert. Erst nach diesen Vorbereitungen werden sie gewogen, damit Sie die entsprechende Menge an benötigtem (Gelier-)Zucker bestimmen können. Je nachdem, ob Sie später eine homogene Fruchtmasse oder lieber einen

Brotaufstrich mit ganzen Früchten beziehungsweise Fruchtstücken möchten, können Sie einen Teil der Früchte oder Fruchtstücke im Ganzen lassen und nur einen Teil pürieren. Am besten eignet sich dafür ein Pürierstab oder der Mixeraufsatz einer Küchenmaschine.

Möchten Sie Früchte wie Äpfel, Birnen, Quitten und Zitrusfrüchte mit Schale verarbeiten, sollten Sie natürlich nur ungespritztes Obst verwenden und die Früchte vorher mit heißem Wasser gründlich abwaschen.

Für die Herstellung von Gelee wird nur der Saft der Früchte verwendet, damit das Gelee auch später durchscheinend klar wird. Um den Saft zu gewinnen, gibt es mehrere Möglichkeiten.

Am besten und bequemsten ist die Verwendung eines Dampfentsafters. Durch den heißen Wasserdampf platzen die Zellwände der Früchte auf und der klare Saft läuft ab. Der Vorteil dieser Methode ist, dass das in den Früchten enthaltene Pektin durch das Erhitzen aus den Früchten herausgelöst wird und in den Saft übergeht. Daher sollten pektinreiche Früchte wie Äpfel, Quitten oder Johannisbeeren heiß entsaftet werden. Diese Methode ist aber auch für alle anderen Obstarten gut geeignet. Und außerdem lässt sich der Saft heiß in saubere Flaschen abfüllen und zur späteren Verwendung dicht verschlossen eine gewisse Zeit aufbewahren (siehe auch Kapitel „Säfte einwecken", Seite 86f.).

Haben Sie keinen Dampfentsafter zur Verfügung, können Sie auch 2 kg Früchte mit 1 Liter Wasser unter Rühren aufkochen. Den heißen Fruchtbrei dann in ein Mulltuch schütten, das über eine große Schüssel gespannt wurde. Das Ablaufen des Saftes erfolgt sehr langsam, aber der Fruchtbrei sollte nicht mit dem Tuch ausgepresst werden, da sonst der Saft sehr trüb wird. Die Verdünnung des Fruchtsaftes ist bei diesem Verfahren ähnlich wie beim Dampfentsafter, da in diesem viel Wasserdampf kondensiert und mit dem Saft abläuft. Beim Aufkochen werden die Früchte durch das Rühren sogar etwas stärker aufgeschlossen, der fertige Saft ist aber meist nicht so schön klar.

Pektinarme Früchte können Sie auch kalt mit einer elektrischen Saftzentrifuge entsaften. Eventuell vorhandenes Pektin bleibt dabei weitgehend in den Fruchtresten. Außerdem ist der Saft meistens trüb. Die Trübstoffe setzen sich ab, wenn man ihn einige Zeit stehen lässt. Ein weiterer Nachteil ist bei größeren Mengen die zwischendurch erforderliche Reinigung der Siebschei-

Beim Entsteinen von Kirschen leistet ein Entsteiner nützliche Dienste.

ben, die den ganzen Arbeitsvorgang erheblich in die Länge zieht.

Wenn Sie regelmäßig Gelee zubereiten möchten, sollten Sie sich auf alle Fälle einen Dampfentsafter zulegen. Einfache Ausführungen zum Betreiben auf einer Herdplatte sind schon recht günstig zu haben.

Zubereitung

Beim Zubereiten der verschiedenen Brotaufstriche aus Früchten werden die Rohstoffe zusammen mit Zucker so lange gekocht, bis genug Wasser verdampft ist und das Fruchtmus beziehungsweise der Saft zu gelieren beginnt.

Geliermittel

Das Gelieren wird durch das in allen Früchten natürlich vorkommende Pektin bewirkt. Je mehr Pektin in der Frucht vorhanden ist, umso besser geliert die aufgekochte Masse. Der Pektingehalt hängt einerseits von der Fruchtart und andererseits vom Reifegehalt ab. Grundsätzlich enthalten un-

97

Pektingehalt von Früchten

Früchte besitzen unterschiedlich viel Pektin. Je höher der Pektingehalt, umso leichter gelieren sie.
– Früchte mit hohem Pektingehalt: Äpfel, Quitten, Pflaumen, Johannisbeeren, Stachelbeeren, Zitrusfrüchte
– Früchte mit mittlerem Pektingehalt: Aprikosen, Birnen, Brombeeren, Himbeeren, Reneklouden, Mirabellen, Pfirsiche, Weintrauben
– Früchte mit niedrigem Pektingehalt: Ananas, Erdbeeren, Holunderbeeren, Kirschen, Rhabarber

Es gibt auch **speziellen Gelierzucker** für die Zubereitung von kalorienärmeren Brotaufstrichen. Hier werden die Früchte mit dem Zucker nur im Verhältnis 2:1 oder 3:1 (Frucht : Zucker) vermischt, so dass der Zuckergehalt später geringer ist. Diese Gelierzucker enthalten außer Zucker, Pektin und Zitronensäure auch noch den Konservierungsstoff Sorbinsäure, damit der Brotaufstrich trotz des geringeren Zuckergehaltes haltbar bleibt. Möchten Sie lieber auf diesen Konservierungsstoff verzichten, sollten Sie den herkömmlichen Gelierzucker im Verhältnis 1:1 verwenden.

Geliermittel in flüssiger Form (reines Pektin) oder in **Pulverform** (Pektin Zitronensäure und Traubenzucker) gibt es abgepackt in kleinen Mengen. Sie werden verwendet, wenn man Marmelade, Konfitüre und Gelee mit normalem Haushaltszucker zubereitet. Bei der Verwendung von flüssigem Geliermittel ist die Kochzeit besonders kurz und daher auch sehr nährstoff- und aromaschonend.

Alternativ können Sie statt Pektin auch **Agar-Agar** verwenden, ein aus Meeresalgen gewonnenes Pulver. Es wird mit kaltem Saft angerührt und anschließend der heißen Fruchtmasse zugesetzt. Dann kocht man noch einmal auf. Allerdings kann der Geliervorgang einige Tage dauern. Währenddessen sollten die Gläser nicht bewegt werden.

reife Früchte mehr Pektin als reife. Das langwierige Kochen, bis die Fruchtmasse von allein zu gelieren beginnt, hat besonders bei pektinarmen Obstarten den Nachteil, dass viele wertvolle Inhaltsstoffe regelrecht „verkochen". Daher ist es sinnvoll, bei der Zubereitung Gelierhilfen zu verwenden, durch die man zusätzlich Pektin oder andere gelierende Substanzen zusetzt. Hierfür gibt es verschiedene Möglichkeiten:

Verwendet man statt normalem Haushaltszucker den so genannten **Gelierzucker**, dem Pektin und Zitronensäure zugesetzt wurden, lässt sich die Kochzeit erheblich verkürzen. Meistens reicht es aus, wenn die Masse zwischen 2 und 4 Minuten sprudelnd kocht. Auf der Packung ist die jeweils empfohlene Kochzeit angegeben.

Arbeitsschritte

Der Fruchtbrei oder der gewonnene Fruchtsaft wird mit dem Zucker vermischt und unter ständigem Rühren aufgekocht. Wenn Sie Gelierhilfen ver wenden, beachten Sie auf den jeweiligen Packungsaufschriften die erforderliche Kochzeit. Gerechnet wird ab dem Zeitpunkt, wenn die Masse wirklich sprudelnd kocht.

Bei allen Arbeitsgängen sollten Sie auf Sauberkeit achten. So sollten Sie beispielsweise immer nur einen bestimmten Holzkochlöffel zum Rühren verwenden, der ansonsten nicht beim Kochen eingesetzt wird, damit keine eventuell vom Holz aufgenommene Aromastoffe anderer Lebensmittel an die Fruchtmasse abgegeben werden. Zur Zubereitung sind Edelstahltöpfe besonders empfehlenswert. Töpfe aus anderen Metallen sind ungeeignet, da sie mit der Säure in den Früchten reagieren. Übrigens werden Edelstahltöpfe durch das Kochen von Konfitüre und Ähnlichem durch die in den Früchten enthaltenen Säuren wieder schön blank.

Die Töpfe sollten so weit wie möglich sein, damit durch die große Oberfläche viel Wasser verdampfen kann. Hohe, schmalere Töpfe sind weniger geeignet. Sie sollten nie mehr als 1 kg Früchte (bei einem Verhältnis von Frucht zu Zucker von 1:1) auf einmal verarbeiten, da ansonsten in der angegebenen Kochzeit nicht genug Wasser verdampft. Auch ist die Gefahr des Überkochens sonst zu groß, denn die Masse muss mehrere Minuten lang sprudelnd kochen.

Sobald die empfohlene Kochzeit um ist, sollten Sie eine Gelierprobe machen, denn die Früchte können je nach Art und Reifegrad mehr oder weniger Wasser oder Pektin enthalten und somit unterschiedlich gut gelieren. Für die Gelierprobe geben Sie etwas Fruchtmasse auf einen kalten Teller oder einen kalten großen Löffel und halten diesen schräg. Wenn die

Schimmelbildung

Bei einem Zuckergehalt von mindestens 50 Prozent (Frucht : Zucker = 1:1) können sich in der Regel keine Mikroorganismen entwickeln. Liegt der Gehalt niedriger, ist ein Befall besonders durch Schimmelpilze möglich. Gelierzucker, die im Verhältnis 1:2 oder 1:3 eingesetzt werden, enthalten daher zusätzlich Konservierungsstoffe.

Manchmal beginnt der Inhalt von Gläsern mit nicht ganz dicht schließenden Deckeln oder angebrochenen Gefäßen an der Oberfläche zu schimmeln, weil dort der Zuckergehalt vielleicht niedriger ist und viele Keime eingedrungen sind. Wurde bei der Zubereitung mindestens 50 Prozent Zucker verwendet, kann man den Schimmel einfach großzügig entfernen und den Rest verzehren, weil bei diesem hohen Zuckergehalt die Schimmelpilze keine Giftstoffe bilden. Beginnt jedoch ein Brotaufstrich zu schimmeln, der weniger als 50 Prozent Zucker enthält, muss konsequent alles weggeworfen werden, da gesundheitsschädigende Stoffe das gesamte Glas durchsetzen.

Fruchtmasse nicht mehr hinuntertropft, sondern eine Haut bildet und fest wird, ist die Gelierprobe bestanden. Die Masse kann nun abgefüllt werden.

Am besten verwenden Sie hierfür Gläser mit Twist-off-Verschluss oder Schnappverschluss und Gummiring. Gläser mit Schraubverschlüssen aus Kunststoff sind nicht so gut geeignet, da sie häufig nicht dicht genug schließen. Ebenso birgt das Verschließen der Gläser mit so genannter Einmachfolie einige Nachteile. Die Folie wird zunächst in Wasser eingeweicht. Dadurch wird sie elastisch und lässt sich stramm über die Gefäßöffnung spannen und zusätzlich noch mit einem Gummiring oder einer Schnur fixieren. Nach dem Trocken ist sie zwar fest und schließt dicht ab, aber sie kann leicht beschädigt werden und darüber hinaus ist sie in gewissem Maße wasserdurchlässig, so dass Marmelade, Konfitüre oder Gelee nach längerer Lagerzeit austrocknen.

Die Gefäße werden zunächst gründlich gereinigt, dann möglichst heiß ausgespült und umgedreht zum Abtropfen auf ein Tuch gestellt. Die Deckel und gegebenenfalls Gummiringe sollten Sie am besten auskochen und bis kurz vor der Verwendung im heißen Wasser belassen. Die Gefäße dürfen auf keinen Fall mit einem Geschirrtuch abgetrocknet werden, da hierdurch Fusseln und Verunreinigungen hineingeraten könnten.

Kurz vor dem Befüllen drehen Sie die Gläser um und reihen sie auf dem feuchten Tuch nebeneinander auf. Die Deckel werden aus dem Wasser genommen und ebenso auf ein Tuch gelegt. Nun füllen Sie mit einer Suppenkelle die heiße Fruchtmasse in die Gläser bis knapp unter den Rand, damit möglichst wenig Luftraum vorhanden ist, in dem sich eventuell Keime halten könnten. Gläser mit Gummiring und Schnappverschluss dürfen nicht ganz so hoch befüllt werden, damit der Gummiring nicht in die Fruchtmasse gedrückt wird. Falls nötig, wischt man dann mit einem frischen, angefeuchteten Küchenkrepp den Rand sauber und verschließt die Gläser sofort. Wer ganz sicher gehen möchte, dass sich auf der Oberfläche keine Mikroorganismen mehr halten können, kann auf die Fruchtmasse noch einen Esslöffel hochprozentigen Alkohol in der passenden Geschmacksrichtung geben. So eignet sich zum Beispiel Himbeergeist für Himbeerkonfitüre oder Slibowitz für Pflaumen.

Bei Konfitüren, in denen sich ganze Früchte oder Fruchtstücke befinden, können Sie die Gläser zum Abkühlen auf den Kopf stellen, damit sich die Stücke besser verteilen.

Nach dem Abkühlen sollte die Fruchtmasse fest geworden sein, was sich durch vorsichtiges Kippen der Gläser überprüfen lässt. Sollte die Masse nicht geliert haben, kann das verschiedene Ursachen haben. Entweder war die Kochzeit zu kurz und es wurde keine Gelierprobe gemacht oder es wurde zu lange gekocht, denn dadurch kann das Pektin und somit die gelierende Wirkung zerstört werden. In solchen Fällen müssen Sie die Masse noch einmal aufkochen, eventuell unter Zugabe von zusätzlichem Pektin, am besten in flüssiger Form. Eine weitere Zuckerzugabe ist nicht notwendig. Vor dem erneuten Abfüllen sollten Sie unbedingt eine Gelierprobe durchführen.

Bevor die abgekühlten Gläser in einem kühlen, dunklen Raum aufbewahrt werden, können Sie sie mit Klebeetiketten versehen, auf denen die Art der Frucht, das Zubereitungsdatum und eventuell das Mischungsverhältnis Zucker zu Frucht vermerkt sind. Wurde sauber gearbeitet und schließen die Gefäße dicht, sind sie bei sachgemäßer Lagerung jahrelang haltbar.

Grundrezept Konfitüre

1 kg vorbereitete Früchte
1 kg Gelierzucker
nach Wunsch im Geschmack passende
   Schnäpse

• Einen Teil der Früchte mit dem Pürierstab oder dem Mixer pürieren, einen Teil nach Belieben im Ganzen lassen oder nur grob zerkleinern.
• Die Früchte mit dem Gelierzucker vermischen und je nach Fruchtart bis zu 24 Stunden zugedeckt stehen lassen, damit sie Saft ziehen können. Je saftreicher die Früchte, desto kürzer die Einwirkzeit.
• Anschließend die Masse unter ständigem Rühren aufkochen und die für den Gelierzucker angegebene Kochzeit sprudelnd kochen lassen.
• Gelierprobe machen.
• Bei erfolgreicher Gelierprobe in vorbereitete Gläser füllen und sofort verschließen.
• Nach Geschmack kann am Ende der Kochzeit noch ein Schuss eines zur Frucht passenden Brandes zugegeben werden.

Konfitüre mit ganzen Früchten ist besonders köstlich. Der Gelierzucker muss dann länger einwirken.

• Sind größere Fruchtstücke enthalten, die Gläser auf dem Kopf stehend abkühlen lassen, damit sich die Fruchtstücke gleichmäßig verteilen.

Grüne Tomatenkonfitüre

1 kg grüne Tomaten
1/8 l Weißwein
500 g Gelierzucker
abgeriebene Schale von 1 unbehandelten
   Zitrone
1 Schnapsgläschen Rum

• Die Tomaten waschen und den Stielansatz herausschneiden. Die Früchte klein schneiden und in dem Weißwein weich kochen.
• Durch ein Sieb passieren und die Masse mit dem Gelierzucker und der Zitronenschale vermischen. Aufkochen und die für den Gelierzucker angegebene Kochzeit sprudelnd kochen lassen.

- Zum Schluss den Rum einrühren, die Masse sofort in vorbereitete Gläser füllen und verschließen.

Sauerkirsch-Aprikosen-Konfitüre

500 g Sauerkirschen, entsteint gewogen
500 g Aprikosen, entsteint gewogen
1 kg Gelierzucker
Amaretto nach Geschmack

- Die entsteinten Früchte mit dem Pürierstab so zerkleinern, dass noch Fruchtstücke in der Masse enthalten sind. Mit dem Gelierzucker vermischen und unter Rühren aufkochen.
- Die angegebene Kochzeit sprudelnd kochen lassen. Wer möchte, kann zum Schluss noch 2 bis 3 Esslöffel Amaretto einrühren.
- Heiß in vorbereitete Gläser füllen und sofort verschließen.

Grundrezept Gelee

1 l Fruchtsaft, durch Dampfentsaften
gewonnen
1 kg Gelierzucker

- Den Fruchtsaft abkühlen lassen und mit dem Gelierzucker vermischen.
- Unter Rühren aufkochen und die für den Gelierzucker angegebene Kochzeit sprudelnd kochen lassen.
- Gelierprobe machen.
- Nach erfolgreicher Gelierprobe in kleine, vorbereitete Gläser füllen und sofort verschließen.

Apfelgelee mit Holunderblüten

Mit den intensiv duftenden Holunderblüten können Sie Apfelgelee ein ganz besonderes Aroma verleihen. Hierzu werden die Äpfel zunächst heiß entsaftet. Dann lässt man den Saft abkühlen. Die Holunderblüten werden als ganze Dolden geerntet. Nur kurz unter kaltem Wasser abspülen und trockenschütteln. Dann kopfüber in den Saft tauchen (auf 1 Liter Saft etwa zehn Dolden), so dass die Stielenden nicht in der Flüssigkeit zu liegen kommen. Das Ganze über Nacht durchziehen lassen. Dann die Dolden entfernen und aus dem Apfelsaft nach dem Grundrezept ein Gelee zubereiten.

Tipp: Apfel und Holunderbeeren passen ebenfalls gut zusammen. Hierfür werden die klein geschnittenen, ungeschälten Äpfel mit etwa der gleichen Menge Holunderbeeren (von Stielen befreit) im Dampfentsafter heiß entsaftet. Man kann den Saft heiß abfüllen und später pur oder verdünnt trinken oder aus ihm Gelee zubereiten.

Kürbisgelee

Bei diesem Gelee wird der Saft durch Kochen des Kürbisfruchtfleisches mit Wasser gewonnen.

1,5 kg Kürbis, geschält und entkernt
gewogen
1,2 l Wasser
1 kg Gelierzucker
Saft von 2 Zitronen
1 TL frische Minze, fein gehackt

- Das Kürbisfruchtfleisch in Würfel schneiden. Mit dem Wasser 20 bis 30 Minuten weichkochen.
- Den Saft durch ein Tuch ablaufen und anschließend abkühlen lassen.

Marmeladen-Variationen

– Marmelade kann man natürlich auch ohne Schale zubereiten.
– Für die klassische englische bittere Orangenmarmelade benötigen Sie einige Bitterorangen als weitere Zutat.
– Werden nur Orangen und Grapefruit verarbeitet, sollte der Saft von ein oder zwei Zitronen zugesetzt werden.
– Die häufig in den Handel kommenden birnenförmigen Pomelos sind unbehandelt und besitzen eine besonders dicke Schale. Fruchtfleisch und Schale sind besonders gut zur Zubereitung von Marmelade geeignet.

---

³/₄ Liter kalten Saft mit dem Gelierzucker und dem Zitronensaft vermischen und unter Rühren zum Kochen bringen. 4 Minuten sprudelnd kochen lassen.
- Gelelierprobe machen.
- Nach bestandener Gelierprobe die fein gehackte Minze unterrühren und das Gelee sofort in saubere Gläser füllen und verschließen.

Grundrezept Marmelade

1 kg Fruchtfleisch von Zitrusfrüchten (Orangen, Grapefruit, Zitronen)
Schale von 2 unbehandelten Früchten, dünn abgeschält
1 kg Gelierzucker

- Die Zitrusfrüchte schälen und das Fruchtfleisch ohne die weißen Häute abtrennen, fein zerkleinern und abwiegen.
- Die unbehandelten Früchte heiß waschen und die Schale sehr dünn abschälen.
- Fruchtfleisch, Schalenstückchen und Gelierzucker miteinander vermischen und zwölf Stunden durchziehen lassen.
- Die Masse unter ständigem Rühren aufkochen und die für den Gelierzucker angegebene Kochzeit sprudelnd kochen lassen.
- Gelierprobe machen.
- Nach erfolgreicher Gelierprobe in vorbereitete Gläser füllen und sofort dicht verschließen.
- Auf dem Kopf stehend abkühlen lassen, damit sich die Schalenstückchen gleichmäßig verteilen

Pflaumenmus

3 kg Pflaumen
500 g Gelierzucker
Schale von einer unbehandelten Zitrone
2 Stangen Zimt
2 Stück Sternanis
1 TL gemahlener Ingwer

- Die Pflaumen waschen und entsteinen und durch die grobe Scheibe des Fleischwolfs drehen.
- Die Masse auf der Fettpfanne des Backofens verteilen. Die übrigen Zutaten unterrühren.
- Bei 175 °C im Backofen etwa 1¹/₂ Stunden einkochen, bis ein zähes Mus entstanden ist, dabei mehrfach umrühren.
- Anschließend in saubere, vorbereitete Gläser füllen und sofort dicht verschließen.

Chutney und Relish

Eine besondere Art der Konservierung durch Erhitzen ist die Zubereitung von Chutney und Relish. Hierbei handelt es sich um süß-saure Pasten, mit denen Sie Fleisch- und Fischgerichte verfeinern können und die ihren Ursprung in der asiatischen Küche haben.

Chutney wird aus Obst, Gemüse und Gewürzen zubereitet, wogegen Relish vorwiegend aus Gemüse und unterschiedlichen Gewürzen besteht. Die Kombinationsmöglichkeiten verschiedener Früchte, Gemüse, Gewürze und Kräuter scheinen fast unbegrenzt. Unverzichtbare Zutaten sind in jedem Fall Essig und Zucker. Die konservierende Wirkung des Erhitzens wird durch sie unterstützt.

Material und Geräte

- Messer, Schälmesser und Entsteiner zum Vorbereiten der Lebensmittel
- großer Kochtopf und Schöpflöffel
- Gläser mit Twist-off-Verschluss oder Einweckgläser mit Deckel, Gummiring und Federklammern
- Zucker (am besten brauner Rohrzucker)
- Essig und Gewürze

Zubereitung

Obst und Gemüse werden wie üblich gewaschen und geputzt, falls nötig entsteint oder geschält und in kleine Stücke geschnitten. Zusammen mit Zucker, Essig und Gewürzen werden sie so lange bei kleiner Hitze gekocht, bis die Masse eine marmeladenähnliche Konsistenz bekommt. Das Pürieren im Mixer oder mit einem Pürierstab empfiehlt sich nicht, da sonst alles zu sehr zermust wird. Die ursprünglichen Bestandteile sollten noch erkennbar sein.

Für die Zubereitung von Chutneys sind nur bestimmte Obstarten geeig-

net. Hierzu zählen alle Arten von Kernobst, Aprikosen, Pfirsiche, Pflaumen, Preiselbeeren und Stachelbeeren. Auch viele exotische Früchte wie Banane, Mango oder Papaya passen in Chutneys.

Beim Gemüse sind es vornehmlich die saftreichen Fruchtgemüsearten, die sich gut zu Relish verarbeiten lassen, wie Tomaten, Paprika, Gurken oder Zucchini. Auch aus Rhabarber, dem Gemüse, das wie Obst behandelt wird, können Sie ein Relish herstellen.

Fast bei allen Rezepten unverzichtbarer Bestandteil sind Zwiebeln. Sie

Rechte Seite:
Chutneys sind eine exotische Beilage zu Fleisch- und Reisgerichten.

können aus ihnen auch ein reines Zwiebel-Relish zubereiten, um zum Beispiel eine große Zwiebelernte sinnvoll zu verarbeiten.

Für die Zubereitung können Sie normalen Haushaltszucker verwenden. Es empfiehlt sich aber, mit braunem Rohrzucker der Paste ein besonderes Aroma zu verleihen und den Geschmack zu verfeinern.

Die Art des Essigs sollten Sie zu den Zutaten passend auswählen. So lassen sich Weißwein-, Rotwein-, Apfel- und Obstessig verwenden. Zu stark aromatisierte Essige sollten Sie nicht wählen, damit das Aroma der Früchte und Gewürze nicht überdeckt wird.

Wichtige Zutat ist häufig Knoblauch, der jeweils fein gehackt zugegeben wird. Außer mit Pfeffer und Salz würzt man die Pasten mit zahlreichen verschiedenen Kräutern und Gewürzen. Das können beispielsweise Cayenne-Pfeffer, Chilipulver, Curry, Dill, frischer Ingwer, Koriander, Muskat, Nelken, Paprika scharf und edelsüß, Petersilie, Piment, Rosmarin, Salbei, Senfkörner, Thymian und Zimt sein. Auch Peperoni oder Rosinen passen in verschiedene Rezepte.

Sobald die Masse ausreichend eingekocht ist, wird sie heiß in vorbereitete, saubere Gläser, am besten mit Twist-off-Verschluss, gefüllt. Die Gläser werden sofort verschlossen und kühl aufbewahrt. Nach Öffnen der Gläser sollten Sie den Inhalt möglichst bald verbrauchen und im Kühlschrank aufbewahren.

Sie können die Pasten auch noch zusätzlich sterilisieren, dann sind sie nicht nur monate-, sondern jahrelang haltbar. In diesem Fall sollten Sie sie in kleine Einweckgläser füllen, da diese zum Einkochen besser geeignet sind.

Apfel-Birnen-Chutney

1 kg säuerliche Äpfel
500 g Birnen
300 g rote Zwiebeln
4 Chilischoten
400 ml Apfelessig
375 g brauner Zucker
30 g Salz
2 TL Senfkörner
250 g Rosinen

- Früchte waschen, das Kerngehäuse entfernen und das Fruchtfleisch in kleine Stücke schneiden.
- Zwiebeln schälen und in feine Ringe schneiden.
- Chilischoten aufschneiden, die Kernchen entfernen und das Fruchtfleisch fein hacken.
- Alle Zutaten in einem Topf vermischen und unter Rühren aufkochen.
- Bei kleiner Flamme 30 bis 40 Minuten unter gelegentlichem Umrühren köcheln lassen, bis die Masse eine marmeladenähnliche Konsistenz bekommt.
- Eventuell noch einmal abschmecken. Heiß in vorbereitete Gläser füllen und sofort verschließen.

Stachelbeer-Chutney

1,5 kg Stachelbeeren
250 g Zwiebeln
200 g ungeschwefelte Rosinen
350 g brauner Zucker
0,7 l Weißweinessig
1 EL Senfkörner
20 g Salz

- Die Stachelbeeren von Stielen und Blütenansätzen befreien und waschen. Die Zwiebeln schälen und nicht zu klein würfeln. Die Rosinen heiß abspülen und gut abtropfen lassen.
- Die Früchte mit allen Zutaten in einen großen Topf geben und etwa eine Stunde offen köcheln lassen. Dabei regelmäßig umrühren.
- Sobald die Masse eingedickt ist und die richtige Konsistenz bekommen hat, heiß in vorbereitete Gläser füllen und sofort verschließen.

Variante: Haben Sie rote Stachelbeeren zur Verfügung, können Sie sie auch mit roten Zwiebeln kombinieren und Rotweinessig statt weißen Essig verwenden. So bekommt die Masse eine intensivere Farbe.

Kumquat-Preiselbeer-Chutney

250 g Kumquats
250 g Preiselbeeren
1 Nashi (oder 1 festfleischige Birne)
100 g Zucker
100 ml Apfelessig
150 ml Wasser
6 Gewürznelken
2 Zimtstangen

- Die Kumquats waschen, in Scheiben schneiden und die Kerne entfernen. Die Preiselbeeren waschen und abtropfen lassen. Die Nashi schälen, das Kerngehäuse entfernen und das Fruchtfleisch klein schneiden.
- Die Früchte zusammen mit den anderen Zutaten in einen Topf geben, aufkochen und mindestens 15 Minuten köcheln lassen, bis die Masse

eine marmeladenähnliche Konsistenz bekommen hat.
- Am Schluss die Nelken und die Zimtstangen entfernen, das Chutney heiß in vorbereitete Gläser füllen und sofort verschließen.

Zucchini-Relish

Wenn die Zucchini-Ernte im Garten mal wieder sehr üppig ausfällt, kann man einen Teil dieses Gemüses auch zu Relish verarbeiten.

1,5 kg Zucchini
500 g Zwiebeln
3–4 EL Salz
500 g Zucker
1/2 l Weißweinessig
1 EL Senfkörner
2 EL Curry
2 TL Paprikapulver scharf

- Zucchini waschen und in Würfel schneiden. Die Zwiebeln schälen und ebenfalls fein würfeln. Zusammen in eine Schüssel geben, mit dem Salz bestreuen und über Nacht stehen lassen.
- Das ausgetretene Wasser abgießen. Mit dem Zucker, dem Essig und den Senfkörnern aufkochen und unter Rühren etwa eine Stunde köcheln lassen.
- Zum Schluss mit Curry und Paprika abschmecken und heiß in vorbereitete, saubere Gläser füllen. Sofort verschließen.

Gemüse-Relish

500 g Tomaten
je 2 grüne und gelbe Gemüsepaprika

Variante: Je nachdem, wie viel Ihnen von den einzelnen Gemüsesorten zur Verfügung steht, können Sie das Rezept für Gemüse-Relish individuell abwandeln. Man kann beispielsweise auch Lauch, Knollensellerie, frischen Meerrettich, Ingwer, Peperoni oder Frühlingszwiebeln mit den anderen Zutaten kombinieren.

4 große Zwiebeln
1 Staudensellerie
4 Knoblauchzehen
1/4 l Kräuteressig
200 g Zucker
1/2 TL Senfkörner
1/2 TL grob gemahlener schwarzer Pfeffer
2 TL Salz

- Die Tomaten von den Stielansätzen befreien und in Würfel schneiden. Die Paprika waschen, putzen und ebenfalls in Würfel schneiden. Die Zwiebeln schälen und fein würfeln. Den Staudensellerie waschen und in kleine Stücke schneiden.
- Alles zusammen in einem großen Topf vermischen, die Knoblauchzehen durch die Presse drücken und dazugeben. Mit dem Essig, Zucker und den Gewürzen aufkochen und so lange unter Rühren köcheln lassen, bis die Masse eingedickt ist.
- Zum Schluss noch einmal mit Salz und Pfeffer abschmecken, heiß in vorbereitete Gläser füllen und sofort verschließen.

Paprika-Zwiebel-Relish

1 kg Zwiebeln
3 grüne Gemüsepaprika
3 rote oder gelbe Gemüsepaprika
250 ml Weinessig
100 g brauner Rohrzucker
1 TL Salz
2 EL Paprika edelsüß

- Die Zwiebeln schälen und in feine Ringe schneiden.
- Die Paprika waschen, Kerne und Stielansatz entfernen. Das Fruchtfleisch in kleine Stücke schneiden.
- Alles zusammen mit Essig, Zucker und Gewürzen vermischen und unter Rühren aufkochen.
- So lange unter Rühren köcheln lassen (30 bis 40 Minuten), bis das Relish eine marmeladenähnliche Konsistenz hat.
- Eventuell noch mit Salz und Zucker abschmecken.
- Heiß in vorbereitete Gläser füllen und sofort verschließen.

Kandieren

Kandieren ist eine Konservierungsmethode, die nur für bestimmte Obstarten geeignet ist. Kandierte Früchte kennt man meist fertig gekauft als feines Konfekt. Wenn Sie etwas Aufwand nicht scheuen, können Sie sich aber ebenso Ihre Lieblingsfrüchte auf diese Weise selber haltbar machen. Nur einige einfache Zutaten und ein bisschen Geduld sind dafür erforderlich.

Konservierende Wirkung

Beim Kandieren macht man sich die konservierende Wirkung des Zuckers zu Nutze. Durch einen langwierigen Prozess wird das Wasser in den Zellen der Früchte gegen Zucker ausgetauscht. Hiefür werden die Früchte oder Fruchtstücke in eine konzentrierte Zuckerlösung gelegt. Da die Zuckerkonzentration in den Zellen wesentlich geringer ist als in der Lösung, findet ein Konzentrationsausgleich statt: Zuckermoleküle wandern in die Zellen, Wassermoleküle wandern nach außen.

Durch die so im Zellinnern entstehende äußerst hohe Zuckerkonzentration wird den schädlichen Mikroorganismen die Lebensgrundlage entzogen. Daher sind kandierte Früchte monatelang haltbar.

Früchte selber zu kandieren ist zwar aufwändig, aber das Ergebnis kann sich sehen lassen.

Material und Geräte

- Messer, Schälmesser und Entsteiner zum Vorbereiten der Früchte
- flacher Topf zum Zubereiten der Zuckerlösung
- zwei flache Schüsseln
- Pergamentpapier zum Abdecken
- Schaumlöffel
- Kuchengitter zum Abtropfen
- Einmachzucker
- Alufolie oder Wachspapier zum Aufbewahren

Welche Früchte eignen sich zum Kandieren?

Zum Kandieren eigenen sich makellose, reife, aber noch feste Früchte von aromatischen Obstarten. Hierzu zählen Ananas, Aprikosen, Bananen, Birnen, kleine Erdbeeren, Kirschen, Kiwis, Kumquats, Limetten, Mangos, Mirabellen, Orangen, Pfirsiche, Pflaumen, Zitronen und die Schalen von unbehandelten Zitrusfrüchten, aus denen durch Kandieren Orangeat beziehungsweise Zitronat entsteht.

Früchte, die mit Schale verarbeitet werden, dürfen natürlich nicht gespritzt sein.

Vorbereitung der Früchte

Bevor Sie mit dem Kandieren beginnen, sollten Sie sich darüber im Klaren sein, dass Sie in den nächsten 14 Tagen täglich oder alle zwei Tage daran arbeiten müssen.

Alle Früchte, die nicht geschält werden, müssen gründlich zunächst heiß und dann noch einmal kalt abgewaschen und mit Küchenkrepp abgetrocknet werden. Aprikosen, Kirschen, Mangos, Mirabellen, Pfirsiche und Pflaumen werden entsteint. Ananas, Bananen, Birnen, Kiwis, Mangos und Pfirsiche werden geschält. Früchte, die im Ganzen kandiert werden, wie Aprikosen, Erdbeeren, Kumquats, Mirabellen und Pflaumen, sticht man rundherum mehrmals an, damit die Zuckerlösung besser eindringen kann. Bei entsteinten Kirschen ist das nicht erforderlich. Große Früchte schneidet man in mundgerechte Stücke, zum

Beispiel Ananas, Birnen, Mangos und Pfirsiche, oder in Scheiben wie Bananen, Kiwis, Limetten, Orangen und Zitronen.

Die vorbereiteten Früchte werden kurz gegart, bis sie gerade eben weich sind. Sie dürfen auf keinen Fall schon zerfallen! Das Garen ist notwendig, damit der Zucker besser eindringen kann und die Farbe der Früchte gut erhalten bleibt. Zum Garen dünstet man die Früchte entweder in einem Sieb über Wasserdampf oder kocht sie 3 bis 5 Minuten in Wasser, wobei man auf 500 g Früchte etwa 300 ml Wasser rechnet. Nach dem Garen lässt man die Früchte abtropfen und fängt das Kochwasser auf. Jetzt können Sie mit dem Kandieren beginnen.

Praktische Durchführung

1. Tag: Stellen Sie aus dem Kochwasser der gegarten Früchte und Einmachzucker eine Zuckerlösung her (250 g Einmachzucker auf 300 ml Wasser). Diese Menge reicht für etwa 500 g Früchte aus. Für größere Mengen benötigen Sie entsprechend mehr Zuckerlösung. Allerdings sollte immer nur eine Obstart in derselben Zuckerlösung kandiert werden. Die Zuckerlösung wird so lange gekocht, bis sie im erkalteten Zustand Fäden zieht. Um dies festzustellen, taucht man einen Löffel mit etwas Zuckerlösung in kaltes Wasser und prüft dann, ob der erkaltete Sirup zwischen Daumen und Zeigefinger Fäden ausbildet. Dieser so genannte Fadenzucker wird heiß über die Früchte gegossen, die zuvor in einer flachen Schüssel nebeneinander

Die Früchte werden vorsichtig mit einer Schaumkelle aus der Zuckerlösung gehoben.

gelegt wurden. Sie müssen vollständig von Zuckerlösung bedeckt sein. Die Oberfläche deckt man nun mit Pergamentpapier ab, damit der Sirup nicht austrocknet, und lässt das Ganze 24 Stunden stehen.

2. Tag: Die Früchte werden nun mit einem Schaumlöffel aus dem Sirup gehoben und zum Abtropfen auf ein Kuchengitter gelegt, das auf einer zweiten Schüssel liegt, um die Zuckerlösung aufzufangen. Diese ist nun etwas dünner geworden, da den Früchten durch die Zuckerlösung Wasser entzogen wurde. Geben Sie ihr nochmals 60 g Einmachzucker pro 300 ml

Lösung zu und kochen Sie alles erneut bis zum Fadenzucker ein. Den heißen Sirup gießen Sie wieder über die Früchte wie am ersten Tag. Da die Menge der Zuckerlösung immer geringer wird, müssen Sie gegebenenfalls mit Wasser und Zucker im oben angegebenen Verhältnis wieder auf 300 ml ergänzen und damit den Fadenzucker kochen. Der Sirup darf nicht zu lange gekocht werden, damit die Lösung nicht zu konzentriert wird und der Zucker auskristallisiert.

3. bis 7. Tag: Tägliches Wiederholen der Vorgehensweise vom zweiten Tag.

8. Tag: Erhitzen Sie die aufgefangene

Zuckerlösung diesmal mit 100 g Einmachzucker, geben Sie die Früchte dazu und lassen Sie alles 3 bis 4 Minuten kochen. Dadurch werden die Früchte schön prall. Dann geben Sie die Früchte mit dem Sirup in eine Schüssel, decken wieder mit Pergamentpapier ab und lassen das Ganze 48 Stunden ziehen.

10. Tag: Die Vorgänge des 8. Tages noch einmal wiederholen, aber nun das Ganze vier Tage stehen lassen.

14. Tag: Heben Sie die Früchte mit dem Schaumlöffel aus dem Sirup und lassen sie auf einem Kuchengitter abtropfen. Dann werden sie auf dem Kuchengitter im Backofen bei 50 °C oder an einem anderen warmen Ort getrocknet, wobei Sie die Früchte gelegentlich wenden müssen. Die kandierten Früchte sind fertig, wenn sie sich nicht mehr klebrig anfühlen und seidig glänzen.

In Alufolie oder Wachspapier eingewickelt lassen sie sich an einem kühlen, trockenen Ort monatelang aufbewahren. Sie können sie noch zusätzlich ganz oder teilweise mit Kuvertüre überziehen.

Zitronat und Orangeat selber machen

Das im Handel angebotene Zitronat und Orangeat ist die kandierte Schale von Zitronat-Zitronen oder Pomeranzen (Bitterorangen). Aus ungespritzten Zitronen oder Orangen können Sie sich auch selber diese Backzutat herstellen. Der Kandiervorgang ist bei weitem nicht so aufwändig wie bei frischen Früchten.

1. Tag: Die Früchte werden gut gewaschen und dann so geschält, dass möglichst wenig weißes Gewebe an der Schale hängen bleibt. Die Schale wird dann in 2 bis 3 cm breite Stücke geschnitten und in Wasser ohne Zuckerzusatz aufgekocht. Schütten Sie das erste Kochwasser weg. Lassen Sie die Schalen abtropfen, falls nötig können Sie noch das restliche weiße Fleisch entfernen. Dann kochen Sie die Schalen erneut mit Wasser auf und lassen sie 1 bis 2 Stunden köcheln, bis sie weich sind. Fügen Sie nun Einmachzucker (250 g auf 300 ml Wasser) hinzu. Durch ständiges Rühren wird er aufgelöst und alles noch einmal aufgekocht. Den Topf vom Herd nehmen und offen abkühlen lassen.

2. Tag: Die Lösung mit den Schalen erneut aufkochen und 10 Minuten köcheln lassen. Dann alles wieder abkühlen lassen.

3. Tag: Gehen Sie vor wie am 2. Tag. Die Schalen müssen nun deutlich ihr Aussehen und ihre Konsistenz verändert haben. Lassen Sie sie auf einem Gitter abtropfen und trocknen Sie das Zitronat oder Orangeat wie kandierte Früchte.

Rechte Seite:
Forellen kann man ganz einfach selbst räuchern und sofort genießen.

Pökeln und Räuchern

Seit die Menschen gelernt haben Feuer zu machen, haben sie auch den Rauch dazu benutzt, Fleisch und Fisch zu konservieren und geschmacklich zu verfeinern. Fast jeder verzehrt regelmäßig geräucherte Waren wie Schinken oder Räucherfisch. Aber nur wenige machen sich diese Konservierungsmethode bei der häuslichen Vorratshaltung zu Nutze. Gründe dafür sind sicherlich der relativ hohe Aufwand und mangelnde Möglichkeiten, entsprechende Räucheröfen aufzustellen und zu betreiben. Aber gerade wenn Sie gelegentlich einen frischen Schinken direkt vom Erzeuger erhalten können oder Angler sind und Ihren Fang für einige Zeit haltbar machen möchten, ist das Räuchern eine lohnende Konservierungsmethode, die nicht nur Fleisch und Fisch haltbarer macht, sondern ihnen auch eine besondere geschmackliche Note und eine appetitliche Farbe verleiht.

Vorbereitung des Räuchergutes

Da das Räuchern eine relativ aufwändige und zum Teil auch langwierige Konservierungsmethode ist, sollte man nur Fleisch und Fisch von bester Qua-

lität und in möglichst frischem Zustand verwenden. Das Fleisch sollte vorzugsweise aus naturgemäßer Haltung stammen. Am besten beziehen Sie es von einem Metzger Ihres Vertrauens. Lassen Sie sich von Ihrem Metzger erklären, welche Teile zum Räuchern geeignet sind und welche nicht. Er kann das Fleisch gleich sachgerecht zerteilen und entbeinen, so dass Sie zu Hause keine weitere Arbeit damit haben und sofort mit dem Pökeln (siehe unten) beginnen können.

Vom Schwein eignen sich fast alle Körperteile zum Räuchern. Bei Kalb und Lamm sowie Wildbret sind besonders die Hinterkeulen, bei Wild auch das Filet zu empfehlen. Vom Rind ist der so genannte Rindersaftschinken geeignet.

Fische sollten möglichst frisch gefangen gleich weiterverarbeitet werden. Eine fachgerechte, schnelle Tötung ist selbstverständlich. Anschließend werden die Fische ausgenommen und gründlich in kaltem Wasser ausgespült. Fische mit dichten Schuppen werden dann gründlich geschuppt. Es empfiehlt sich noch vor dem Salzen, spätestens aber danach, die Kiemen zu entfernen, da sie schnell verderben und beim Räuchern Blut und Schleim abgeben, was auf der Räucherware nicht gerade appetitlich aussieht. Möchten Sie nur das Filet räuchern, befreien Sie die Fische wie üblich von den Gräten und legen Sie dann nur die Filets mit der anhaftenden Haut in die Lake.

Grundsätzlich eignen sich alle Arten von Fisch zum Räuchern. Ganze Fische müssen natürlich länger geräuchert werden als deren Filets. Auch benötigen fettere Fische längere Zeit im Rauch als magere.

Bevor die Ware in den Rauch gehängt werden kann, muss sie noch mit Salz behandelt werden, um sie zu würzen und haltbar zu machen, denn eine hohe Salzkonzentration hat eine

Salpeter

Beim Pökeln muss dem Salz in geringen Mengen Salpeter (Bezeichnung für verschiedene Nitrate, in diesem Fall Natrium- und Kaliumnitrat) zugesetzt werden. Salpeter ist in Kristall- oder Pulverform erhältlich. Es bewirkt die „Umrötung" von Fleisch- und Wurstwaren. Hierunter versteht man eine chemische Umsetzung des im Fleisch enthaltenen Farbstoffs Myoglobin zu dem hitzestabilen Farbstoff Nitrosomyoglobin. Dazu benötigt man Nitrat, dass durch die Enzymtätigkeit von Bakterien in Nitrit umgewandelt wird und mit dem Myoglobin reagiert. Nitrit darf im Räuchergut nur in begrenzten Mengen vorhanden sein, um unter anderem die Bildung von Nitrosaminen zu vermeiden. Die beim Pökeln eingesetzten Mengen sind jedoch so gering, dass das vorhandene Nitrit durch weitere enzymatische Reaktionen zu molekularem Stickstoff abgebaut und somit unschädlich gemacht wird.

keimhemmende Wirkung. Bei Fleisch spricht man von Pökeln, bei Fischen von Salzen.

Pökeln

Unter Pökeln versteht man das Haltbarmachen von Fleisch durch Salz, früher eine gängige Methode, um Fleisch zu konservieren. Die konservierende Wirkung beruht darauf, dass das Salz den Mikroorganismen die Nahrungsgrundlage Wasser entzieht. Allerdings sind hierfür sehr große Salzmengen erforderlich, die sich negativ auf Geschmack und Nährstoffgehalt des Fleisches auswirken. Daher pökelt man heutzutage nur noch Fleisch, dass anschließend geräuchert werden soll. Man unterscheidet Trockenpökeln und Nasspökeln. Ein drittes Schnellpökelverfahren, das so genannte Spritzpökeln, findet nur im gewerblichen Bereich Anwendung.

Trockenpökeln

Das Trockenpökeln wird meistens angewandt, wenn ein ganzer Schinken oder ein größeres Stück Fleisch luftgetrocknet oder geräuchert werden soll. Hierzu reibt man das Fleisch mit Salz, Zucker und Salpeter im Verhältnis 100:10:1 ein. Dieser Mischung werden noch entsprechende Gewürze wie Pfeffer, zerstoßene Wacholderbeeren, Knoblauch, Thymian oder Koriander zugesetzt.

Die Lagerung des so vorbereiteten Fleisches kann auf zweierlei Weise erfolgen. Einzelne große Fleischstücke werden auf luftige Stellagen gelegt oder im Keller aufgehängt bis zu zwei Monate gelagert, bevor sie geräuchert werden. Hat man mehrere Fleischstücke, kann man sie auch in ein Pökelfass aus Steingut oder Holz einschichten, so dass sie in der so genannten Eigenlake liegen. Der Boden des Gefäßes sowie jede einzelne

Lage Fleisch muss dann mit Salz und Gewürzen bestreut werden. Allerdings müssen Sie bei dieser Methode das Fleisch alle zwei Tage umschichten, damit Salz und Gewürze gleichmäßig einziehen und ihre Wirkung entfalten. Hierbei müssen Sie mit einer Pökelzeit von etwa vier Wochen rechnen. Bei kleineren Stücken von etwa 1 kg Gewicht reichen auch zwei bis drei Wochen aus. Der entstehende Saft sollte am Ende der Pökelzeit abgeschöpft werden. Das Fleisch lässt man dann noch zwei bis vier Tage ruhen.

Beim Trockenpökeln müssen Sie das Fleisch vor dem Räuchern auf jeden Fall mit warmem Wasser abwaschen und dann noch einen Tag wässern, wobei das Wasser mehrmals gewechselt wird. Bevor die Fleischstücke dann in den Rauch gehängt werden, müssen sie gründlich getrocknet sein.

Nasspökeln
Beim Nasspökeln werden die Fleischstücke in ein Pökelfass geschichtet, wobei jede einzelne Lage mit einer entsprechenden Salzlake übergossen

wird. Es muss gewährleistet sein, dass alle Fleischstücke vollkommen von Lake überdeckt sind. Für die Lake rechnet man auf 1 Liter Wasser 100 g Salz, 10 g Zucker und 1 g Salpeter. Für 1 kg Fleisch benötigt man etwa 0,75 Liter Lake. Die Mischung wird zunächst aufgekocht und anschließend erkaltet über das Fleisch gegeben. Zwischen die einzelnen Lagen können Sie außerdem Knoblauch, Zwiebeln oder zerstoßene Pfeffer- und Wacholderbeeren schichten, wenn Sie die Gewürze nicht schon mit der Lake aufgekocht haben. Je nach Größe der Fleischstücke beträgt die Pökelzeit zwei bis drei Wochen. Danach wird das Fleisch gründlich mit Wasser abgespült und an einem luftigen Ort aufgehängt getrocknet, bevor man es in den Rauch hängt.

Salzen

Wie beim Fleisch spielt auch beim Räuchern von Fischen das Salz eine wichtige Rolle. Es würzt nicht nur den Fisch, sondern sorgt auch dafür, dass er haltbar wird. Im Gegensatz zum Räuchern von Fleisch benötigt man für Fische kein Nitritpökelsalz, setzt also kein Salpeter zu, sondern kann reines Kochsalz verwenden.

Trockensalzen
Beim Trockensalzen wird der ausgenommene und gut gewaschene Fisch von innen und außen mit Salz einge-

Der Fisch wird innen und außen mit Salz eingerieben.

rieben. Hierbei verwendet man das Salz an den Bauchlappen sparsamer als am Rücken. Sie können auch Pfeffer, Wacholderbeeren, Zwiebeln und Knoblauch sowie gerebelte Kräuter dem Salz beimischen, um den Fischen gleich eine besondere Würznote zu verleihen.

Die eingesalzenen Fische werden dann in eine Schüssel oder einen Eimer gelegt und in einen kühlen Raum gestellt. Die Salzzeit ist abhängig von Größe und Gewicht. Kleinere Fische verbleiben höchstens 3 Stunden in dem Salz, größere wie zum Beispiel Makrelen vertragen eine vierstündige Salzzeit. Ein Fisch von 3 kg Gewicht benötigt etwa 10 Stunden, bei 4 kg sind schon 13 bis 14 Stunden notwendig.

Nasssalzen

Beim Nasssalzen erreichen Sie ein gleichmäßigeres Würzen der Fische. Hierzu bereitet man eine Salzlake vor im Verhältnis 10:1, das heißt, auf 10 Liter Wasser rechnet man 1 kg Salz. Auch hier können Sie nach Belieben Gewürze zusetzen. In dieser Lake müssen die Fische etwa 10 Stunden liegen. Damit sie immer gleichmäßig bedeckt sind, sollten sie mit Steinen oder Ähnlichem beschwert werden. Grundsätzlich gilt: Je höher der Salzgehalt, desto kürzer die Einlegezeit. Wenn Sie also etwas Zeit sparen möchten, können Sie durch einen höheren Salzgehalt die Einlegezeit verkürzen. Bei einem Salzgehalt von 3 Prozent reichen schon 3 bis 4 Stunden aus. In einer gesättigten Lösung (bei etwa 25 Prozent) verkürzt sich die Einlegezeit auf 1 bis 2 Stunden.

Die richtige Würzmenge

Beim Würzen von Fisch sollten Sie es auf keinen Fall übertreiben, da sonst das typische, dezente Aroma schnell unterdrückt wird. Deshalb sollten Sie anfangs sparsam mit den Gewürzen umgehen, um später dann durch eigene Erfahrung die für Ihren persönlichen Geschmack richtige Menge herauszufinden.

Ganze Fische müssen in der Regel länger in der Lake verbleiben als Filets. Außerdem benötigen fettarme Arten eine kürzere Salzzeit als sehr fettreiche Fische.

Konservierende Wirkung des Räucherns

Die konservierende Wirkung des Räucherns ist eigentlich nur ein willkommener Nebeneffekt dieser Methode. Das wichtigste Ziel ist der köstliche Rauchgeschmack. Das typische Aroma wird durch Bestandteile des Rauches sowie durch Bestandteile des Räuchergutes selbst beeinflusst. Auch eine Veränderung der Farbe wird beim Räuchern gewünscht. Fische nehmen die typische appetitliche goldgelbe oder goldbraune Farbe an. Schinken wird braun oder schwarz. Diese Farbveränderungen werden einerseits durch im Rauch enthaltene Stoffe und andererseits durch chemische Reaktionen des Rauches mit dem Räuchergut verursacht.

Zum Räuchern wird vorwiegend Glimmrauch benötigt, der durch langsam abbrennende und verglimmende Hölzer erzeugt wird. Verschiedene im Rauch enthaltene Substanzen wirken keimhemmend.

Die konservierende Wirkung ist an der Oberfläche des Räuchergutes am stärksten, da die Substanzen nur langsam in das Innere eindringen. Wird das Räuchergut zuvor gegart, denaturiert das Eiweiß, was wiederum ein Eindringen der Rauchstoffe verhindert. Daher

ist gekochter Schinken weniger lange haltbar als roh geräucherter.

Einige im Rauch enthaltene Stoffe verhindern auch das Ranzigwerden der Räucherware, und zwar vorwiegend beim Kalträuchern (siehe unten). Dadurch bleibt das gute Aroma länger erhalten.

Einen nicht unerheblichen Einfluss auf die Haltbarkeit hat auch die Absenkung des Wassergehaltes. Je trockener das Räuchergut ist, umso länger ist es haltbar.

Grundsätzlich kann man sagen: Je langsamer und kälter geräuchert wird, umso länger ist das Räuchergut haltbar. Bei kalt geräuchertem Schinken ist ein weiterer Vorteil die Kompaktheit, durch die das Fleisch eine hohe Schnittfestigkeit erreicht.

Die verschiedenen Räuchertechniken

Aufgrund der unterschiedlichen Klimaverhältnisse einzelner Landstriche haben sich verschiedene Räuchertechniken entwickelt, die jeweils individuelle Ergebnisse erzielen. Dadurch sind regionale Spezialitäten entstanden. Man unterscheidet nach der Räuchertemperatur Kalt-, Warm- und Heißräuchern. Aufgrund der unterschiedlichen Temperaturen ergeben sich dann auch verschieden lange Räucherzeiten.

In einem solchen Räucherschrank kann man kalt räuchern und obendrein eine Menge Fische unterbringen.

Kalträuchern

Kalträuchern erfolgt bei Temperaturen zwischen 12 und 24 °C. Die Rauchtemperatur darf 30 °C keinesfalls überschreiten. Die Luftfeuchtigkeit in der Räucherkammer sollte bei 75 bis 85 Prozent liegen.

Dies ist die bevorzugte Räucherart für Schinken, aber auch für Würste. Das Räuchergut muss in absolut trockenem Zustand in den Räucherofen gehängt werden und auch das Holz oder Räuchermehl darf keine Feuchtigkeit enthalten. Bei dieser Methode wird nur Glimmrauch verwendet. Das Feuer darf zwischendurch auch ruhig ausgehen, vorausgesetzt die Umgebungstemperatur ist niedrig. Daher wird in Kaminen nur im Herbst und Winter geräuchert. Zwischen den Räucherphasen muss dem Räuchergut ausreichend Frischluft zugeführt werden.

Die Räucherzeit beträgt mindestens mehrere Tage, kann sich aber bei Schinken auf bis zu sechs Wochen ausdehnen.

Das Kalträuchern wird auch bei Fischen angewandt, die länger haltbar gemacht werden sollen. Hierbei ist die erforderliche Räucherzeit aber wesentlich kürzer. Fische von 300 bis 500 g Gewicht sind in 6 bis 12 Stunden ausreichend geräuchert. Die Fische trocknen hierbei stärker aus als durch das Heißräuchern, werden dafür aber gut schnittfähig und lassen sich in dünne Scheiben schneiden.

Warmräuchern

Warmräuchern erfolgt bei Temperaturen von 30 bis 50 °C. Der Rauch wird mit Hartholz erzeugt, über das Buchenholzspäne gestreut werden.

Durch leichtes Anfeuchten der Sägespäne entsteht in der Räucherkammer beziehungsweise im Räucherofen die erwünschte Luftfeuchtigkeit von 80 %. Geräuchert wird mit Glimmrauch, wobei das Feuer zwischendurch nicht ausgehen darf.

Diese Methode ist für Kasseler, Kochschinken oder Brühwürste geeignet. Allerdings ist die Ware nicht so lange haltbar und sollte innerhalb von zwei bis drei Wochen verzehrt werden. Die Räucherzeit beträgt je nach Räuchergut 2 bis 24 Stunden.

Heißräuchern

Beim Heißräuchern ist die Räucherzeit am kürzesten und dementsprechend kurz ist auch die Haltbarkeit. Bei Fleisch kommt diese Methode eigentlich nur für gekochtes Kasseler und Kochschinken infrage, wobei die Ware

Material und Geräte

- scharfes Messer zum Zerteilen und Vorbereiten von Fleisch und Fisch
- Pökelfass beziehungsweise Eimer oder Schüssel zum Salzen
- Räucherofen, Räuchertonne oder Räucherkammer
- Unbehandeltes Holz beziehungsweise Sägespäne
- Haken und/oder Schnur zum Aufhängen
- Thermometer zur Temperaturüberwachung
- Salz, Salpeter, Zucker und Gewürze

Zum Aromatisieren des Rauches eignen sich beispielsweise Wacholderzweige.

dann möglichst am selben Tag verzehrt werden soll oder nur kurze Zeit an einem kühlen Ort gelagert werden darf. Häufig angewandt wird das Heißräuchern dagegen bei Fischen, insbesondere zur schnellen Zubereitung von geräucherten Forellen und Forellenfilets.

Das Räuchern erfolgt bei einer Temperatur von 50 bis 90 °C und dauert nicht länger als 30 Minuten bis maximal 2 Stunden. Größere Fleischstücke sollten zuvor unbedingt gut durchgegart werden.

Bei Fischen unterscheidet man zusätzlich noch das Heiß-Nassräuchern und das Heiß-Trockenräuchern. Bei ersterem Verfahren muss die Räuchertemperatur über 100 °C liegen, damit die Fische im Innern auf 70 bis 80 °C erwärmt werden. Zu Beginn des Räucherns muss hierbei die Temperatur am höchsten sein und wird dann allmählich zurückgefahren. Die Temperatur darf aber nicht so hoch sein, dass zu viel Fett in die Glut tropft. Durch die anfänglich hohe Wärme wird der Fisch zunächst gegart, was man an

dem Aufrollen der Bauchlappen erkennt. Anschließend wird die Temperatur abgesenkt und das eigentliche Räuchern erfolgt.

Beim Heiß-Trockenräuchern wird nicht mit hoher Temperatur begonnen, sondern die Fische werden anfangs durch langsame Rauchentwicklung getrocknet. Erst nach etwa einer Stunde wird dann die Temperatur langsam auf 100 °C hochgefahren. Dieses Verfahren entspricht dem Räuchern in einer so genannten Räuchertonne, die über den Fachhandel bezogen oder auch leicht selbst gebaut werden kann.

Geeignete Räuchermittel

Für den gewerblichen Bereich ist genau vorgeschrieben, mit welchem Material der Rauch erzeugt werden darf, um der Entstehung von gesundheitsschädlichen Stoffen vorzubeugen. Auch im privaten Bereich sollten Sie sich der Gesundheit zuliebe unbedingt an diese Vorgaben halten.

Grundsätzlich ist der frisch entwickelte Rauch aus naturbelassenen Hölzern und Zweigen sowie aus Heidekraut und Nadelholzsamenständen (Zapfen) zugelassen, wobei die Mitverwendung von Gewürzen erlaubt ist. Somit darf jegliches in irgendeiner Form behandelte Holz nicht verwendet werden.

Am besten ist Hartholz geeignet. Ideal ist die Verwendung von Holz und Spänen von Eiche, Weißbuche, Erle und Birke. Das Räuchern mit Wacholderreisig – wobei auch mit Wacholderbeeren gewürzt wird – ist typisch für bestimmte Regionen und verleiht der

Ist Geräuchertes ungesund?

Der zum Räuchern notwendige Rauch entsteht durch die unvollständige Verbrennung von Holz und die dabei entstehenden Stoffe können durchaus in hohen Konzentrationen gesundheitsgefährdend sein. Allerdings kann man die schädlichen Substanzen durch die richtige Vorgehensweise auf ein Minimum reduzieren. Einerseits sollten Sie nur naturbelassenes Holz beziehungsweise Sägespäne möglichst von Hartholz verwenden. Andererseits bestimmt auch die Temperatur, wie viele Schadstoffe in den Rauch gelangen. Daher sollte die Glimm- beziehungsweise Verbrennungstemperatur auf keinen Fall über 500 bis 600 °C steigen. Ideal ist es, wenn die Temperatur 400 °C nicht überschreitet. Bei den elektrischen Räucheröfen ist die Temperatur einstellbar. Ansonsten können Sie die Temperatur niedrig halten, indem Sie die Räucherspäne anfeuchten und die Sauerstoffzufuhr auf ein Minimum begrenzen.

Räucherware ein unverkennbares Aroma. Weichholz ist nicht geeignet, da es zu sehr rußt und häufig einen Terpentingeruch abgibt. Auch harzendes Holz oder Nadelholzzapfen sind nicht zu empfehlen.

Im Handel erhältlich ist so genanntes Räuchermehl, das aus Hartholzspänen hergestellt wird und häufig schon Kräuterzusätze erhält.

Bei der häuslichen Hobbyräucherei wird fast nur mit Glimmrauch gearbeitet. Hierfür werden Sägespäne mit Feuer, Heizdraht oder Gasflamme unter gedrosselter Luftzufuhr verglüht.

Räuchergeräte

Die Palette der möglichen Räuchergeräte reicht sehr weit – von kleinen, einfachen Räuchertonnen Marke Eigenbau bis zu hoch technischen, aufwändigen Geräten für das Räuchern von großen Mengen. Es gibt sogar kleine Geräte zum Mitnehmen, mit denen zum Beispiel Angler gleich vor Ort ihren Fisch fangfrisch räuchern können.

Unabhängig von der Konstruktion besitzen jedoch alle Räuchergeräte grundsätzlich vier Grundelemente:
– Ein Gehäuse, in dem das Räuchergut hängt oder liegt und von dem Rauch und der aufsteigenden Wärme umgeben wird.
– Ein Gitterrost, Stäbe oder Haken, auf denen das Räuchergut liegt beziehungsweise an denen es hängt; oft befindet sich darunter noch eine Fettauffangschale.
– Ein Behältnis, in das die Räucherspäne oder das Räuchermehl gefüllt werden.
– Eine Wärmequelle, welche die Räuchermittel zum Glimmen bringt.

Elektrisch betriebene Räuchergeräte
Elektrogeräte sind vor allem zum schnellen Heißräuchern von Fischen geeignet, nicht zu große Fleischstücke können darin aber auch geräuchert werden. Durch die eingebaute Heiz-

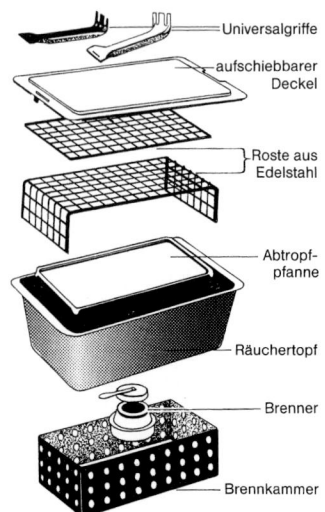

Universalgriffe

aufschiebbarer Deckel

Roste aus Edelstahl

Abtropf- pfanne

Räuchertopf

Brenner

Brennkammer

Einfach zu handhaben und auch für unterwegs geeignet ist solch ein kleines Räuchergerät.

spirale wird das eingestreute Räuchermehl erhitzt. Die Geräte besitzen meist ein Thermostat und eine Zeitschaltuhr, so dass nach entsprechender Einstellung und Einlegen des Räuchergutes im geschlossenen Gerät der gesamte Räuchervorgang sozusagen vollautomatisch verläuft.

Je nach Größe besitzen diese Geräte ein oder mehrere Einschubroste, auf die das Räuchergut gelegt wird.

Räuchergeräte mit Spiritusbrenner
Auch hierbei handelt es sich um Heißräuchergeräte. Das Räuchermehl wird durch einen Spiritusbrenner erhitzt. Alternativ kann man auch mit speziellen Brennpasten arbeiten. Nach Einlegen des Räuchergutes und Verschließen

des Gerätes wird der Brennstoff entzündet und das Gerät auf das Brennergestell aufgesetzt. Diese kleinen, gut transportabeln Räucheröfen sind meistens mit einem oder zwei Rosten ausgestattet. Sie sind besonders praktisch zum Mitnehmen für Angler oder beim Camping.

Räuchertonnen
Räuchertonnen lassen sich ganz einfach aus Stahlblech oder Stahlrohr selber bauen, aber auch fertig kaufen. Am Fuß der Tonne befindet sich eine Schublade, in welche die Räucherspäne gefüllt werden, die man mit einem Rechaud oder einem Gaskocher erhitzt. Das Räuchergut wird an Querstäben mit Haken von oben in die Tonne eingehängt. Anschließend wird diese mit einem Deckel oder einem Sacktuch verschlossen. Die Räuchertonne wird vorwiegend zum Räuchern von Fischen eingesetzt.

Räucherschränke
Wenn Sie vorwiegend Fleisch räuchern möchten – also die Methode des Kalträucherns anwenden wollen –, sollten Sie sich einen Räucherschrank zulegen, da die bisher beschriebenen Kleingeräte nur zum Heißräuchern vornehmlich von Fischen geeignet sind.

Bei den handelsüblichen Schränken befinden sich im unteren Drittel Aschenkasten, Feuerungsstelle, Rauchverteiler- und Fettabtropfblech. Die oberen zwei Drittel bieten Raum zum Einhängen des Räuchergutes.

Kalträucherofen müssen in einem kühlen, trockenen Raum auf feuerfestem Boden aufgestellt und an einen Schornstein mit gutem Abzug ange-

Eine Räuchertonne eignet sich gut zum Heißräuchern

schlossen werden. Eine Abnahme durch den Kaminkehrer ist erforderlich.

Wer im Haus keine Gelegenheit zum Aufstellen hat, kann einen Räucherofen auch im Garten aufstellen und den Rauch über ein langes Ofenrohr nach oben wegleiten.

Räucherschränke werden meistens mit Sägemehl betrieben, wobei das Sägemehl nicht brennen, sondern nur glimmen darf. Das Räuchergut muss vor dem Einhängen gut getrocknet sein und darf nicht zu dicht gehängt werden.

Räucherkammern

Das Betreiben von Räucherkammern spielt eher eine Rolle im gewerblichen Bereich. Wer in Haus oder Garten solch eine gemauerte Räucherkammer betreiben möchte, muss berücksichtigen, dass Räucherkammern ebenso wie Räucherschränke als Feuerstätten gelten und bei deren Errichtung und Betreiben die entsprechenden Brandschutzvorschriften berücksichtigt werden müssen. Außerdem ist eine Abnahme durch den Kaminkehrer erforderlich.

Lagerung von Räucherware

Wurde Schinken durch Pökeln und Kalträuchern haltbar gemacht, lässt er sich an einem kühlen Ort zwei bis drei Monate lagern. Am besten bewahren Sie ihn im Räucherschrank auf. Allerdings darf die Temperatur 12 °C nicht überschreiten. Der Nachteil einer zu langen Lagerung kann ein zu starkes Austrocknen der Ware sein. Daher empfiehlt sich für längere Lagerung das Einfrieren, wobei Räucherware nicht länger als drei Monate in der Gefriertruhe liegen sollte.

Kochschinken, der warm oder heiß geräuchert wurde, ist nur ein bis zwei Wochen haltbar. Ansonsten muss auch er eingefroren werden.

Fische lässt man nach dem Räuchern zunächst in einem kühlen Raum auskühlen. Erst dann werden sie in den Kühlschrank gelegt, falls sie nicht sofort verzehrt werden sollen. Am günstigsten ist es, wenn Sie die geräucherten Fische vakuumverpacken. Bei 3 °C sind sie dann ein bis zwei Wochen haltbar. Wer nicht die Möglichkeit der Vakuumverpackung hat, sollte sie fest in Alufolie einwickeln. Für eine längere Lagerung werden sie am besten eingefroren. Tiefgekühlt halten sie sich mindestens drei Monate ohne Qualitätsverlust.

Vor dem Verzehr sollten Sie Räucherfisch leicht erwärmen, da dann das Aroma am besten zum Tragen kommt.

Beizen von Fisch

Das Beizen ist eine Alternative zum Räuchern, um die Filets bestimmter Fischarten haltbar zu machen und ihnen ein außergewöhnliches Aroma zu verleihen. Geeignet ist vor allem Lachsfilet, das gebeizt unter dem Begriff „graved Lachs" in den Handel kommt. Aber auch die Filets von Forellen und Makrelen lassen sich beizen und so zu einer besonderen Delikatesse verarbeiten.

Zum Beizen werden die ungehäuteten Filets verwendet. Zuvor sollten eventuell noch im Fleisch befindliche Gräten mit einer Pinzette entfernt werden.

Gebeiztes Fischfilet

Zutaten für 1 kg Filet:
2 EL Salz
1 EL Zucker (bei Makrele 2 EL)
1–2 TL gemahlener weißer Pfeffer
Dill

- Die Filets mit der Haut nach unten auf eine Arbeitsplatte legen. Mit einer Mischung aus Salz, Zucker und Pfeffer gleichmäßig einreiben.
- Reichlich mit Dill bestreuen. Die beiden Filets mit der gewürzten Seite aufeinander legen und fest in Alufolie einwickeln, damit keine Flüssigkeit austreten kann.
- Auf eine Platte legen und mit einem angemessenen Gegenstand (zum Beispiel ein Brett mit einem Stein) beschweren.
- Kühl stellen, am besten in den Kühlschrank, und zwei bis drei Tage durchziehen lassen. Dabei das Paket mindestens alle zwölf Stunden wenden. Bei kleineren Filets wie von Forellen reichen auch ein bis zwei Tage aus.
- Anschließend die Filets auswickeln und die Gewürze weitgehend abstreifen. Dann das Filet parallel zur Haut in dünne Scheiben schneiden und am besten mit einer Honig-Senf-Soße servieren. Gut gekühlt ist gebeizter Fisch noch einige Tage haltbar.

Anhang

Bezugsquellen

Einkochzubehör
J. Weck GmbH & Co. KG
Postfach 1120
D-79656 Wehr-Öflingen
Tel.: 07761 / 935-0
Fax: 07761 / 57691
marke-weck-glaeser@weck.de
www.weck.de

Dampfentsafter
Schroetec, R. Schroer Edelstahlhaus-
haltswaren
Amselweg 3
D-79798 Jestetten
info@fritomat.de
www.fritomat.de

Dörrgeräte
SIGG Switzerland AG, SIGG Center
Walzmühlestrasse 60
CH-501 Frauenfeld/Schweiz
Tel.: 0041 (0)52 / 7286330
Fax: 0041 (0)52 / 7286307
E-Mail: info@sigg.ch

Rommelsbacher Elektro-Hausgeräte GmbH
Rudolf-Schmidt-Straße 18
D-91550 Dinkelsbühl
Tel.: 09851 / 5758-0
Fax: 09851 / 5758-59
info@rommelsbacher.de
www.rommelsbacher.de

Stöckli Switzerland
A. & J. Stöckli AG

CH-8754 Netstal/Schweiz
Tel.: 0041 (0) 55 / 6455555
Fax: 0041 (0) 55 / 6455556
stockli@stockli.ch
www.stockliproducts.com

Räucherschränke
Josef Deutsch Koch- und Räucher-
technik GmbH
Waldstraße 14
D-64331 Weiterstadt
Tel.: 06151 / 824090
Fax: 06151 / 896494

Jost Räucherschränke
Hauptstraße 13
D-89365 Röfingen-Roßhaupten
Tel.: 0 8222 / 411677
Fax: 08222 / 411678
mail@jostraeucherschraenke.de
www.jost-raeucherschraenke.de

Mirella, Hosto Stolz GmbH & Co.
Am Seelbach 1
D-57290 Neunkirchen
Tel.: 02735 / 7831-29
Fax: 02735 / 7831-81
info@mirella-gourmet.com
www.mirella-gourmet.com

Karl-Heinz Häussler GmbH
In der Vorstadt
D-88499 Heiligkreuztal
Tel.: 07371 / 9377-0
Fax: 07371 / 9377-40
info@haeussler-gmbh.de
www.haeussler-gmbh.de

Literatur

BINDER, EGON: Räuchern – Fleisch, Wurst, Fisch. Verlag Eugen Ulmer, 4. Auflage, Stuttgart 2001.

BUSTORF-HIRSCH, MAREN: Einlegen, Einkochen, Trocknen. Bassermann, München 2002.

GANS, HEINZ K.: Konservieren. Verlag Eugen Ulmer, Stuttgart 2000.

LEHARI, GABRIELE: Früchte einkochen, kandieren, einlegen. Verlag Eugen Ulmer, 2. Auflage, Stuttgart 2002.

LEHARI, GABRIELE: Ulmers großes Obst- und Gemüsebuch. Verlag Eugen Ulmer, Stuttgart 2002.

RUST, HILDEGARD: Praktische Vorratshaltung zu Hause. Alois Knürr Verlags GmbH, 2. Auflage, München 1996.

SAMWALD, ACHIM: Dörren. Verlag Eugen Ulmer, 3. Auflage, Stuttgart 1997.

WECK®: WECK®-Einkochbuch. Wehr-Öflingen 2001.

Bildquellen

Egon Binder, Grafenau: Seite 123

Dr. Helga Buchter-Weisbrodt: Titelfoto klein vorne Mitte; Seiten 77, 109

CMA, Bonn: Titelfoto groß; Seiten 3, 50, 59, 101, 105

Heinz Jagusch, Erkrath: Seiten 112, 118, 120

Ulrich Kerth, München: Seiten 1, 27, 46, 49, 54, 60, 79, 97, 111

Roland Krieg, Waldkirch: Seite 95

Chris Meier, Stuttgart: Seite 32

Wolfgang Redeleit, Bienenbüttel: Titelfoto klein hinten rechts, Seiten 7, 8, 17, 33

Hans Reinhard, Heiligkreuzsteinach: Titelfoto klein vorne rechts; Seiten 4, 5, 9, 11, 14, 19, 43, 68, 70

SchroeTec, Jestetten: Seite 87

Brigitte u. Siegfried Stein, Vastorf: Titelfoto klein vorne links

Fridhelm Volk, Stuttgart: Seiten 30, 57

Ingo Wandmacher, Hamburg: Titelfotos klein hinten links und Mitte; Seiten 2, 24, 25(2), 26, 35, 37, 38, 40, 65(3), 76, 78, 91, 108, 116

J. Weck GmbH & Co., Wehr: Seiten 72, 84, 86

Haftung

Die Autorin und der Verlag haben sich um richtige und zuverlässige Angaben bemüht. Fehler können jedoch nicht vollständig ausgeschlossen werden. Eine Garantie für die Richtigkeit der Angaben kann daher nicht gegeben werden. Haftung für Schäden und Unfälle wird aus keinem Rechtsgrund übernommen.

Register

Bibliografische Information
Der Deutschen Bibliothek
Die Deutsche Bibliothek verzeichnet diese Publikation
in der Deutschen Nationalbibliografie; detaillierte
bibliografische Daten sind im Internet über
http://dnb.ddb.de abrufbar.

ISBN: 3-8001-4379-8

Das Werk einschließlich aller seiner Teile ist urheber-
rechtlich geschützt. Jede Verwertung außerhalb der
engen Grenzen des Urheberrechtsgesetzes ist ohne
Zustimmung des Verlages unzulässig und strafbar.
Das gilt insbesondere für Vervielfältigungen, Über-
setzungen, Mikroverfilmungen und die Einspeiche-
rung und Verarbeitung in elektronischen Systemen.

© 2003 Verlag Eugen Ulmer GmbH & Co.
Wollgrasweg 41
70599 Stuttgart (Hohenheim)
E-Mail: info@ulmer.de
Internet: www.ulmer.de
Lektorat: Ina Vetter
Herstellung und DTP: Thomas Eisele
Druck und Bindung: aprinta Druck, Wemding
Printed in Germany

Bitte
freimachen.

Bitte senden Sie mir ein kostenloses Probe-
heft der **Obst & Garten** an folgende Adresse:

Vorname/Name

Straße/Nr.

PLZ/Ort

Telefon für evtl. Rückfragen

Anfordern per Fax: 0711/4507-120.
Bitte geben Sie dann auch Ihre Faxnummer an:

Fax

ANTWORT

Verlag Eugen Ulmer
Postfach 70 05 61

70574 Stuttgart

Obst & Garten

Ihr kostenloses Probeheft der Obst & Garten

Obst & Garten

Fachmagazin für das Obst- und Gartenland Baden-Württemberg

Organ des Landesverbandes für Obstbau, Garten- und Landschaftspflege Baden-Württemberg e.V.
und des Landesverbandes Erwerbsobstbau Baden-Württemberg e.V.

- Gesunde Tomaten
- Brombeeren im Garten
- Kulturheidelbeeren
- Libellen am Gartenteich

Obst & Garten, das Fachmagazin für das Obst- und Gartenland Baden-Württemberg. Es erscheint monatlich und informiert Sie über den Erwerbsobstbau sowie den Hobbybereich. Hier einige Beispiele für die Themenbereiche rund ums Obst, Gemüse und den Ziergarten, die wir Ihnen bieten:

○ Neue Sorten, Anbausysteme, Obstbautechnik, aktuelle Pflanzenschutzthemen, Lagertechniken, Direktvermarktung, Nischenkulturen

○ Monatlicher Arbeitskalender zu allen Obstarten, monatliche Hinweise des amtlichen Pflanzenschutzdienstes für Kern-, Stein- und Beerenobst

○ Mitteilungen der Verbände; Hinweise aus Obstinstituten; Beiträge über Recht, Industrie und Natur; Internet-Adressen aus dem Bereich Obst- und Gartenbau, Termine von Tagungen, Messen und Seminaren.

Fordern Sie einfach unverbindlich Ihr persönliches Probeexemplar an!

VERLAG EUGEN ULMER